Kafka y la muñeca viajera

1.ª edición: septiembre de 2018
3.ª edición: octubre de 2022

En cubierta: ilustración de Carol Belanger Grafton
y de la carta © Jannoon028 / Shutterstock.com
Colección dirigida por Félix García Moriyón
Diseño gráfico: Gloria Gauger

c/Almagro 25, ppal. dcha. 28010 Madrid
Tel.: + 34 91 355 57 20
www.siruela.com
ISBN: 978-84-17454-41-8
Depósito legal: M-20.573-2018
Impreso en Anzos
Printed and made in Spain

Papel 100% procedente de bosques gestionados
de acuerdo con criterios de sostenibilidad

Jordi Sierra i Fabra

Kafka y la muñeca viajera

Invitación a la lectura de Gustavo Martín Garzo

Actividades de Pablo Martínez Sarrión

Siruela

Colección Escolar 40 (Literatura)

Índice

Invitación a la lectura
El cuento perdido

Lo que Jordi Sierra i Fabra cuenta en esta novela es una historia real. Le sucedió a principios del siglo pasado a Franz Kafka, uno de los escritores más grandes que han existido. Paseaba por un parque y, al ver a una niña llorando, se acercó para interesarse por ella. La niña le contó que había perdido su muñeca, y ambos se pusieron a buscarla, pero, como no la encontraban, Kafka decidió inventarse una historia para consolar a la pequeña. Le dijo que acababa de ver a la muñeca, y esta le había pedido que le explicara a su amiga que se había ido a recorrer el mundo. Sin embargo, la niña no debía estar triste, ya que la muñeca prometía escribirle por correo todas las semanas. Aquel señor sería el encargado de llevárselas cada domingo. La niña se despidió de Kafka hasta la semana siguiente, en que volvieron a verse en el mismo lugar. Kafka traía consigo la epístola de la muñeca, que él mismo había escrito en secreto, y la leyeron juntos. A esa carta le siguieron otras en las siguientes semanas, de forma que la correspondencia se transformó en un cuento que trataba de las maravillosas aventuras de la muñeca por esos mundos de Dios. Mucho tiempo después un biógrafo de Kafka quiso encontrar esas cartas, e incluso llegó a poner un anuncio en el periódico para ver si aparecía la niña, que entonces ya sería una anciana, pero nadie respondió a su llamada y las cartas nunca se encontraron. Cómo eran los textos que Kafka escribió para consolar a aquella niña nunca lo sabremos. Contenían un cuento que ya nadie podrá leer jamás.

Se ha dicho que aquella historia perdida era el último relato infantil, y que Kafka fue el último escritor de cuentos de hadas, heredero de una estirpe que tuvo en el escritor danés Hans Christian Andersen a uno de sus máximos representantes. Y es cierto que en su obra abundan los personajes propios del mundo de la fantasía, abarcando desde todo tipo de animales —ratones, perros investigadores, monos que informan en academias, topos y criaturas de especies indefinibles— hasta un número casi inagotable de personajes extravagantes —trapecistas que se niegan a tocar el suelo y viajan en las redecillas de las maletas, ayunadores que hacen de su sacrificio un arte con el que se exhiben en los circos, oscuros patios de vecindad en que gente anónima se ve forzada a cuidar de animales misteriosos cuya procedencia desconoce, pobres y afiebrados padres de familia que vuelan sobre cubos de carbón buscando defenderse del frío, personas que se transforman en insectos...—. No obstante, esto no quiere decir que él haya sido el último escritor de cuentos maravillosos, ni que los niños de hoy hayan dejado de necesitar que les relaten ese tipo de historias.

Todos los padres que tienen niños pequeños saben hasta qué punto estos pasan por múltiples momentos de zozobra y esperan que les cuenten historias que les ayuden a superarlos. Por ejemplo, todos los niños tienen miedo; miedo a la noche y a su reino oscuro e incierto; miedo a los pasillos interminables de las casas, a los ruidos misteriosos. Y el miedo no tiene que ver con la razón. No cabe, pues, enfrentarse al miedo de un niño haciéndole ver que es absurdo y que no debe sentir algo así puesto que no es concebible que en una casa de ciudad —pongamos por caso— aparezca un león o un cocodrilo gigantesco solo con el propósito de devorarle. No por negar lo razonable de ese sentimiento el niño dejará de sentirlo, por lo que la literatura encaminada a volver razonables a los niños es tan inútil como desafortunada.

G. K. Chesterton solía decir que el dragón ya existe en el interior de los niños y que lo que hacen los cuentos es darles el caballero que les permita enfrentarse a él. El dragón simboliza los impulsos destructores inherentes a la naturaleza humana; y el caballero, el impulso socializador de dichos impulsos, el «yo» que permite controlarlos y servirse de su fuerza. Este esquema puede aplicarse a todos los cuentos en que aparecen brujas, ogros y otros devoradores monstruosos. Muchos adultos no quieren contarles estos cuentos a los niños por temor a que sus noches se pueblen de pesadillas, pero se equivocan al pensar así. El miedo ya está en ellos, y lo que hacen los cuentos es proporcionarles recursos para enfrentarse al mismo. Estos cuentos, además, no solo tratan acerca de los peligros del mundo, sino que también les hablan a los niños de sí mismos, de aquello que son más allá de lo que a sus padres les gustaría que fueran. Hay un niño Jekyll, obediente y siempre dispuesto a hacer lo que los adultos le piden; y un niño Hyde, siempre metido en asuntos peligrosos. Todos los protagonistas de los cuentos son así. Viven entre la razón y la locura, entre el principio de la realidad y el del placer, entre el mundo de la abuelita y el del lobo.

«Un cuento es como el viento: viene de muy lejos y lo sentimos», dice un proverbio de los bosquimanos, una etnia de pigmeos que vivió en el sur de África. Jordi Sierra i Fabra es como esos bosquimanos, escucha la voz de esos cuentos perdidos y los recupera para los niños de hoy. Lo hace para decirles que no deben renunciar a sus deseos. Por eso, en su libro, Kafka no trata de convencer a la niña de que no tiene que llorar, haciéndole ver que su muñeca está lejos de ser un ser vivo y que puede ser fácilmente sustituida por otra, sino que le dice que tiene razón en sentirse así, ya que ella es la compañera más querida de sus juegos, pero también que las cosas casi nunca son como parecen y que si la muñeca ha desaparecido puede que sea porque ha tenido algo importante que hacer. Entonces se inventa una historia en que esta se ha ido a recorrer el mundo, y en que le escribe cartas donde le cuenta sus aventuras, hasta que la niña se encuentre en condiciones de aceptar que muchas veces en la vida tenemos que despedirnos de las cosas que amamos, lo que es muy distinto a perderlas, pues para que eso no suceda existen la memoria y la imaginación.

C. S. Lewis, el autor de *Las crónicas de Narnia,* decía que los libros deben escribirse no para gustar a nadie sino por el amor que el autor sienta hacia la historia que cuenta, de forma que es imprescindible que el escritor ame lo que quiere decir, antes de pensar en los niños que supuestamente le van a leerle. Sin embargo, claro está, también ha de pensar en los niños si es un cuento lo que quiere escribir. Y debe tener en cuenta la poca experiencia de estos y hacer un esfuerzo para ser comprendido por ellos. De hecho, gran parte de la mejor literatura infantil ha surgido como un acto de amor hacia un niño concreto. Este es el caso de J. M. Barrie, el autor de *Peter Pan*, o el de Lewis Carroll, el de *Alicia en el País de las Maravillas*, que escribieron sus libros pensando en los niños que querían, pero también en el de Kafka en esta historia. Puede que un psicólogo, al menos los de ciertas escuelas, no hubiera aprobado la actitud del escritor checo. Pensaría que engañaba a la niña y que tendría que haberle dicho que la muñeca se había perdido, y enseñarle desde muy temprano que la vida era así de complicada, en vez de darle falsas esperanzas. Pero los verdaderos cuentos no tienen que ver con las falsas esperanzas. Aún más los cuentos no solo quieren tranquilizar a los niños, sino que les animan a que sean atrevidos y curiosos. Leer un cuento es como visitar uno de esos bosques misteriosos donde todo puede suceder. En él nos esperan los senderos escondidos, las llamadas del deseo, las metamorfosis, las locas promesas del amor. Esa vida dormida que hay en cada uno de nosotros y que solo el hechizo de la literatura, como las flores mágicas de los duendes, puede despertar.

Jordi Serra i Fabra nos enseña en este libro que no debemos mantener separados el mundo real del de la fantasía. La realidad necesita de la fantasía para volverse deseable; la fantasía de lo real para poderse compartir con los demás. Esta alianza entre fantasía y razón es la que da a *Kafka y la muñeca viajera* su delicado encanto. Goya lo explicó en su famosa glosa al Capricho 43, «*El sueño de la razón*»: «La fantasía, abandonada de la razón, produce monstruos imposibles: unida con ella, es madre de las artes y origen de sus maravillas».

Todas las lecciones de los cuentos tienen que ver con esa alianza. La lección de *La Cenicienta* es que solo los humildes pueden encontrar las llaves del jardín del amor; la de *La bella y la bestia*, que hay que amar las cosas antes de que se vuelvan amables; la de *La bella durmiente*, que en cada uno de nosotros hay una vida dormida que debemos aprender a despertar. Jordi Sierra i Fabra nos enseña en *Kafka y la muñeca viajera* que salvar a una niña es como salvar el mundo.

Ingmar Bergman hizo una divertida película titulada *Sonrisas de una noche de verano*. En ella, varias parejas se reúnen en una casa de campo y, bajo el embrujo de la noche, intercambian sus palabras, sus anhelos y sus engaños. En una de las escenas, un personaje dice que el amor es un malabarista capaz de mantener tres pelotas en el aire. Una de esas pelotas es el cuerpo; otra, las palabras, y la tercera, el corazón. Al leer somos ese malabarista, y así nuestro cuerpo encendido por el deseo, las palabras que lo pueblan de sueños y el corazón que ama permanecen milagrosamente suspendidos en el aire mientras el libro está en nuestras manos. Es lo que consigue ese malabarista que es Jordi Sierra i Fabra al escribir la historia que ahora vais a leer.

Gustavo Martín Garzo

Kafka y la muñeca viajera

Para Franz,
del escarabajo que un día
despertó convertido en niño

Primer sueño:
la muñeca perdida

a

Los paseos por el parque Steglitz eran balsámicos.

Y las mañanas, tan dulces...

Parejas prematuras, parejas ancladas en el tiempo, parejas que aún no sabían que eran parejas, ancianos y ancianas con sus manos llenas de historias y sus arrugas llenas de pasado buscando los triángulos de sol, soldados engalanados de prestancia, criadas de impoluto uniforme, institutrices con niños y niñas pulcramente vestidos, matrimonios con sus hijos recién nacidos, matrimonios con sus sueños recién gastados, solteros y solteras de miradas esquivas, solteros y solteras de miradas procaces, guardias, jardineros, vendedores...

El parque Steglitz rezumaba vida en los albores del verano.

Un regalo.

Y Franz Kafka la absorbía, como una esponja, viajando con sus ojos, arrebatando energías con el alma, persiguiendo sonrisas entre los árboles. Él también era uno más entre tantos, solitario, con sus pasos perdidos bajo el manto de la mañana. Su mente volaba libre de espaldas al tiempo, que allí se mecía con la languidez de la calma y se columpiaba alegre en el corazón de los paseantes.

Aquel silencio...

Roto tan solo por los juegos de los niños, las voces maternas de llamada, reclamo y advertencia, las palabras sosegadas de los más próximos y poco más.

Aquel silencio...

El llanto de la niña, fuerte, convulso, repentino, hizo que Franz Kafka se detuviera.

Estaba muy cerca de él, a pocos pasos, y no había nadie más a su alrededor. No se trataba, pues, de una disputa entre pequeños, ni de un castigo de la madre, ni siquiera de un accidente, porque la niña no tenía signos de haberse caído.

Lloraba de pie, desconsolada, tan angustiada que parecía reunir en su rostro todos los pesares y las congojas del mundo.

Franz Kafka miró arriba y abajo.

Nadie reparaba en la niña.

Estaba sola.

Se quedó sin saber qué hacer. Los niños eran materia reservada, entes de alta peligrosidad, un conjunto de risas y lágrimas alternativas, nervios y energías a flor de piel, preguntas sin límite y agotamiento absoluto. Por algo él no tenía hijos.

Pero todo aquel sentimiento...

La niña tendría unos pocos años. Le resultaba difícil calcular cuántos. La edad de las niñas pequeñas era un misterio. Sí, exacto, justo esa edad indefinible en la que siguen siendo lo que son aun estando en el umbral del siguiente paso. Vestía con pulcritud, botitas, calzones, camisa con cuello de encaje, chaquetilla tres cuartos por la cual asomaba una falda llena de volantes. Su cabello era largo, oscuro, y lo recogía en dos primorosas trenzas. Era guapa, como todas las niñas pequeñas. Guapa por ser primavera de la vida.

Aunque ahora aquellas lágrimas convirtieran su rostro en una suerte de espantosa fealdad.

Franz Kafka permaneció quieto.

¿Qué hacía una niña tan pequeña allí sola? ¿Se había perdido? Si era así, tendría que tomarla de la mano, tranquilizarla, y buscar juntos un guardia para que la acompañara. Pero ¿cómo se tranquilizaría la niña si un desconocido le hablaba, la tomaba de la mano y echaba a caminar con ella? ¿Acaso no sería peor?

No, lo peor sería marcharse, irresponsablemente, y dejarla en mitad del parque.

Imprevisibles niños.

El llanto era tan y tan dramático...

Nunca había visto ni oído llorar a nadie de aquella forma.

Se resignó, porque muchas veces la vida no dejaba alternativas. Era ella la que marcaba el camino. Así pues, dio el primer paso en dirección a la pequeña, se quitó el sombrero para parecer menos serio, e iluminó su rostro con la mejor de sus sonrisas.

Probablemente, a pesar de todo, tuviese cara de dolor de estómago, pero eso era irremediable y carecía de importancia.

Franz Kafka se detuvo delante de la niña.

b

—Hola.

La niña dejó de gritar, pero no de llorar. Levantó la cabeza y se encontró con él. En su desesperada crispación ni siquiera le había visto acercarse. Los ojos eran dos lagos desbordados, y los ríos que fluían de ellos formaban torrentes libres que resbalaban por las mejillas hasta el vacío abierto bajo la barbilla.

Hizo dos, tres sonoros pucheros antes de responder:

—Hola.

—¿Qué te sucede?

No lo miró con miedo. Pura inocencia. Cuando la vida florece todo son ventanas y puertas abiertas. En sus ojos más bien había dolor, pena, tristeza, una soterrada emoción que la llevaba a tener la sensibilidad a flor de piel.

—¿Te has perdido? —preguntó Franz Kafka ante su silencio.

—Yo no.

Le sonó extraño. «Yo no». En lugar de decir «No», decía «Yo no».

—¿Dónde vives?

La niña señaló de forma imprecisa hacia su izquierda,

en dirección a las casas recortadas por entre las copas de los árboles. Eso alivió al atribulado rescatador de niñas llorosas, porque dejaba claro que no estaba perdida.

—¿Te ha hecho daño alguien? —Sabía que no había nadie cerca, pero era una pregunta obligada, y más en aquellos segundos decisivos en los que se estaba ganando su confianza.

Ella negó con la cabeza.

«Yo no».

Estaba claro que quien se había perdido era su hermano pequeño.

¿Cómo permitía una madre responsable, por vigilante o atenta que estuviese, dejar que sus hijos jugaran solos en el parque, aunque fuese uno tan apacible y hermoso como el Steglitz?

¿Y si él fuese un monstruo, un asesino de niñas?

—Así pues, no te has perdido —quiso dejarlo claro.

—Yo no, ya se lo he dicho —suspiró la pequeña.

—¿Quién entonces?

—Mi muñeca.

Las lágrimas, detenidas momentáneamente, reaparecieron en los ojos de su dueña. Recordar a su muñeca volvió a sumirla en la más profunda de las amarguras. Franz Kafka intentó evitar que diera aquel paso atrás.

—¿Tu muñeca? —repitió estúpidamente.

—Sí.

Muñeca o no, hermano o no, eran las lágrimas más sinceras y dolorosas que jamás hubiese visto. Lágrimas de una angustia suprema y una tristeza insondable.

¿Qué podía hacer ahora?

No tenía ni idea.

¿Irse? Estaba atrapado por el invisible círculo de la traumatizada protagonista de la escena. Pero quedarse... ¿Para qué?

No sabía cómo hablarle a una niña.

Y más a una niña que lloraba porque acababa de perder a su muñeca.

—¿Dónde la has visto por última vez?

—En aquel banco.

—¿Tú qué has hecho?

—Jugaba allí. —Le señaló una zona en la que había niños jugando.

—¿Y has estado allí mucho tiempo?

—No sé.

Aquellas sin duda eran las preguntas que haría un policía ante un delito, pero ni era un delito ni él un policía. El protagonista del incidente ni siquiera era un adulto. Eso le incomodó aún más. La singularidad del hecho lo tenía más y más atrapado. Quería irse pero no podía. Aquella niña y el abismo de sus ojos llorosos lo retenían.

Una excusa, un «lo siento», bastaría. De vuelta a su hogar. O una recomendación: «Vete a casa, niña». Tan sencillo.

¿Por qué el dolor infantil es tan poderoso?

La situación era real. La relación de una niña con su muñeca es de las más fuertes del universo. Una fuerza descomunal movida por una energía tremenda.

Y entonces, de pronto, Franz Kafka se quedó frío.

La solución era tan sencilla...

Al menos para su mente de escritor.

—Espera, espera, ¡qué tonto soy! ¿Cómo se llama tu muñeca?

—Brígida.

—¿Brígida? ¡Por supuesto! —Soltó una risa de lo más convincente—. ¡Es ella, sí! No recordaba el nombre, ¡perdona! ¡Qué despistado soy a veces! ¡Con tanto trabajo!

La niña abrió sus ojos.

—Tu muñeca no se ha perdido —dijo Franz Kafka alegremente—. ¡Se ha ido de viaje!

c

La mirada fue incrédula. La sorpresa total. Pero era una niña. Los pequeños quieren creer. Necesitan creer. En su mundo no existe, todavía, la desconfianza humana. Es un universo de soles y lunas, días encadenados, llenos de paces, amores y caricias.

Por lo menos allí, en el parque Steglitz, en pleno Berlín.

Y en 1923.

Franz Kafka sostuvo aquella mirada con su mejor cara de jugador imaginario, cosa que nunca había sido. La clave de todo, además de la inocencia de la niña, residía en su convencimiento, su aplomo, la forma en que contara aquel absurdo que acababa de nacer en su cabeza.

—¿De... viaje? —balbució ella.

—¡Sí! —Cada segundo ganado, era un tiempo precioso para conformar la historia en su mente.

—¿Adónde?

—Ven, sentémonos. —Le señaló el banco más cercano, libre de personas porque se hallaba bajo la sombra de algunos árboles—. Me fatigo mucho, ¿sabes?

Tenía cuarenta años, así que para la niña era un viejo. Claro que con su quebradiza salud probablemente lo fuese en realidad. ¿Cómo no iba a ser un viejo prematuro alguien que estaba ya retirado del mundo y jubilado desde hacía un año debido a su tuberculosis? Se sentaron en el banco y de entrada se sintió muy aliviado al comprobar que había logrado detener las lágrimas de su compañera. Ni los paseantes más cercanos los miraban. Estaban a salvo.

El resto dependía...

—¿Tú te llamas...? —Fingió ser despistado.

—Elsi.

—¡Elsi, claro! ¡Naturalmente que era tu muñeca, porque la carta es para ti!

—¿Qué carta?

—La que te ha escrito, explicándote por qué se ha ido tan de repente. Pero con las prisas me la he dejado en casa. Mañana te la bajaré y podrás leerla, ¿de acuerdo?

No sabía si lo creía. Ignoraba si su tono era el adecuado, convincente y rotundo a la par que jovial y despreocupado. En aquellos segundos se decidía todo. La niña podía tomarle por loco. Pero también podía aferrarse a la esperanza.

Y la esperanza era más necesaria que la realidad.

—¿Por qué se ha ido Brígida de viaje sin mí? —Puso morritos de disgusto.

Esperaba esa pregunta. Se sintió orgulloso de poder adelantarse, aunque solo fuera un segundo, a la reacción de su compañera.

—¿Cuánto hace que era tu muñeca?

—Siempre ha sido mi muñeca.

—Toda la vida.

—Sí.

—Pues esa es la razón.

—¿Por qué?

—¿Tienes hermanos o hermanas mayores?

—Sí.

—¿Alguno se ha casado?

—No.

—Oh, vaya.

—Pero mi prima Ute sí.

—¿Y no se marchó de casa de sus padres?

—Sí.

—Pues lo mismo ha hecho Brígida. Está en la edad en que las muñecas han de emanciparse. —No estaba seguro de si su lenguaje era comprensible para la niña, pero no conocía otro—. Quiero decir que a todos nos llega el momento de irnos de la casa de nuestros padres, para viajar, conocer la vida, el mundo, tal vez un futuro maravilloso...

—Nunca me lo dijo. —Elsi seguía con los morritos prietos, rozando la recaída en su desconsuelo.

—Puede que se le olvidara, o que no la entendieras. —¿Hablaban las niñas a sus muñecas? Sin duda, sí. ¿Creían que las muñecas les hablaban a ellas? También. No podía dejar en mal lugar a la intrépida Brígida ni decirle a Elsi que la vida era así. No era un comentario apropiado para su edad—. Pero por eso te ha escrito la carta.

Elsi mesuró sus palabras. Una a una. Lo hizo pausadamente, con su lógica, la nueva realidad de su vida. Franz Kafka no se movía. Pero le bastaba con ver aquellos ojitos llenos de lágrimas detenidas para saber que lo estaba consiguiendo.

Había sido muy persuasivo.

El mayor absurdo depende de la sinceridad con que se cuenta.

—¿Y por qué le ha escrito a usted mi muñeca?

Era la segunda pregunta clave.

Y también estaba preparado para ella.

—Porque soy cartero de muñecas —dijo sin pestañear.

d

Elsi era una máscara.

Luchaba contra el dolor tratando de digerir aquella novedosa realidad. Aún no estaba segura de que todo fuera tan bien como lo advertía él.

—¿Los carteros no llevan las cartas a las casas?

—Los carteros normales, sí, pero los carteros de muñecas, no. Las cartas de las muñecas son especiales, porque también son distintas. Han de ser entregadas en mano a sus destinatarias. ¿No crees que tus padres se sorprenderían de que recibieras una carta siendo tan pequeña? ¿Y si prefirieran leerla ellos antes, por curiosidad? ¿A que no te gustaría?

—No.

—Pues ya está.

—Yo todavía no sé leer bien.

—¿Lo ves? —se aferró a la nueva coyuntura—. Eso sucede muy a menudo. Las niñas que reciben las cartas no pueden leerlas, y entonces lo hago yo, en voz alta. Por eso es necesario el cartero de muñecas. Es un trabajo muy importante.

Había conseguido detener por completo las lágrimas de Elsi. La niña se pasó el antebrazo por los ojos para retirar sus restos. De vez en cuando posaba su mirada en el suelo, a sus pies, pero siempre era para retomar el rumbo que la conducía a la faz del cartero de muñecas.

La tristeza era el último baluarte de su desasosiego.

—¿Por qué no va a buscar la carta?

—Ya se ha hecho tarde, lo siento. Mi horario de trabajo ha concluido hace un rato, y tú también deberás irte a casa pronto, ¿no es así?

Elsi miró el reloj de la torre.

—Las agujas todavía no están juntas —señaló—. Pero sí, me queda poco. ¿A qué hora empieza su trabajo mañana?

—¿A qué hora bajas al parque?

—Cuando las dos agujas están así. —Puso los dedos índices de sus dos manos en un determinado ángulo para mostrárselo.

—¡Oh, muy bien! —exclamó él—. Es justo a la hora que empiezo yo. Mañana serás la primera.

—¿Y me traerá la carta de Brígida?

Por nada del mundo, por niña que fuese, iba a olvidarse de esa carta. Llegaría a su casa y pasaría el resto del día pensando en ella. Comería, cenaría y se acostaría sin apartarla de su mente. No había nada más. Sin Brígida, ya solo le quedaba la carta. Un pequeño gran mundo. Franz Kafka estaba seguro de que por la mañana ella despertaría y haría lo que fuese, jugar, estudiar, ir a la escuela o lo que tuviese por costumbre, pero, al llegar la hora, correría hasta el parque Steglitz en su busca.

Tenía una cita.

La más inesperada.

—Por supuesto que te traeré la carta de tu muñeca. Confía en mí.

Elsi saltó del banco y se quedó de pie frente a él. Pareció no saber qué hacer. Finalmente dio el paso que la separaba de su nuevo amigo y lo besó en la mejilla.

El suave toque de una mariposa.

—Entonces hasta mañana —se despidió.

—De acuerdo —susurró un emocionado Franz Kafka.

e

La vio alejarse por su izquierda, sin prisas, paso a paso, con la cabeza baja, menuda y frágil. Un soplo de vida.

Pero tan poderoso.

Elsi se hizo diminuta. Primero la devoró la lejanía, después el cruce de otras gentes que la engulleron ocultándola a sus ojos, y finalmente la distancia.

Desapareció.

No de su mente.

Solo entonces Franz Kafka pudo reaccionar.

—¡Válgame el cielo! —Se llevó las dos manos a la cara.

Acababa de meterse en un lío espantoso.

No le tenía miedo a nada ni a nadie, pero sí a una personita que ni siquiera alzaba un metro del suelo y era capaz de llorar con aquel desgarro o mirarlo con la intensidad de aquellos ojos. Sí a una fuerza devastadora como la del corazón de su nueva amiga. Sí a la huella profunda que lo sucedido podía causarle.

—Con los niños no se juega —rizó el rizo.

Sin aquella carta, Elsi crecería con el trauma más duro: su muñeca la había abandonado. Si lo hacía mal, Elsi tal vez desatara en su alma la frustración del rechazo. Si no cumplía con su palabra y acudía a la cita del día siguiente sin la carta prometida, Elsi jamás volvería a creer en la naturaleza humana.

Estaba en juego una esperanza.

Lo más sagrado de la vida.

Franz Kafka sintió el hormigueo en sus manos, el nacimiento de las alas de Ícaro que le elevaban hasta aquellos mundos solo posibles en su mente inquieta e inquietante, cuando se abocaba sobre el papel con la pluma y trenzaba las historias más singulares jamás concebidas.

Era escritor.

Pero nunca había escrito la carta de una muñeca viajera a la niña que había sido su dueña hasta el momento de separarse.

Se levantó del banco presa de los nervios, literalmente enfebrecido.

Por si acaso, dio una vuelta por el parque, mirando a todas las niñas con muñecas. Ni siquiera sabía cómo era Brígida. Un error. ¿Cómo pudo dejar pasar ese detalle? Pero ni una sola de aquellas pequeñas parecía haber robado la que con tanto amor sostenía en sus brazos o con la que jugaba encandilada. Y ningún mayor llevaba una en el bolsillo o corría a ocultar el objeto de su robo.

Cuando salió del parque Steglitz era mucho más tarde de la hora en que acostumbraba a hacerlo. A pesar de ello y del motor que acababa de dispararse en su cuerpo, no corrió, no se precipitó. Su cabeza bullía. Pensaba en Brígida, en Elsi, en el lugar en que primero hubiera desembarcado la muñeca, en la forma en que se lo escribiría a su dueña.

Llegó a su calle, a su casa, envuelto en la misma fiebre.

Había creado un singular y misterioso enigma: la muñeca viajera.

Segunda fantasía: las cartas de Brígida

f

La señora Hermann tenía una hija de la edad de Elsi.

Se detuvo en su rellano antes de subir a su piso y llamó a la puerta. La espera fue breve. La misma señora Hermann le abrió después de preguntar quién era. Sus ojos de mujer cansada no mostraron excesiva simpatía aunque sí curiosidad. Era la primera vez que su vecino la visitaba o quería hablar con ella. En la comunidad sabían que el extraño señor Kafka no trabajaba, estaba enfermo y acudía a clínicas con una periodicidad cada vez mayor.

—Buenos días, señora Hermann. —Miró la hora y modificó su saludo—. O buenas tardes. —Su sonrisa no consiguió cambiar el tono adusto de la mujer—. ¿Está su hija en casa?

—No.

Era una contrariedad, casi un contratiempo.

—Disculpe la molestia, y lo insólito de mi petición, pero... ¿tendría usted alguna muñeca suya para prestarme un segundo?

Logró sorprenderla.

—¿Una muñeca?

—De cualquier tipo, sí, de trapo, porcelana... Una muñeca.

—¿Y para qué la quiere?

—Necesito examinarla, solo eso. He de escribir algo relacionado con una y apenas recuerdo como eran las muñecas de mis tres hermanas. Si no fuera mucha molestia...

La señora Hermann continuó apoyada en el quicio de su puerta. A veces hablaba con Dora Dymant, la joven que vivía con él. Los dos habían llegado al modesto y humilde edificio no mucho antes. Y desde luego no estaban casados. Se decía que el padre de ella no lo autorizaba, quizás por su persistente enfermedad, tal vez por ser un vulgar empleado de una compañía de seguros, aunque gozase de cierta relevancia como escritor.

—No puedo dejar que se la lleve. Mi hija volverá en un momento y si la echa en falta es capaz de hundir la casa a gritos.

—La inspeccionaré aquí mismo, no hay problema.

Doblegó su tenue resistencia.

—Aguarde —se resignó.

Franz Kafka esperó en el rellano. Dora debía de estar impaciente, preocupada por la demora. Lo cuidaba y protegía. Tal vez hubiera debido avisarla, aunque solo se tratase de perder uno o dos minutos.

La señora Hermann reapareció en el vestíbulo de su piso, emergiendo de la penumbra del pasillo, con sus paredes sobrecargadas con una cretona de oscuro color rojizo. Llevaba en sus manos una muñeca vieja y gastada que ni mucho menos debía de ser ya la favorita de su hija. A lo sumo, una de las guardadas en el fondo de cualquier armario o baúl. Pero le servía igual. Nada que objetar. Solo quería observarla, sostenerla en las manos, sentir aquella sensación desconocida.

—Tenga usted. —Se la entregó la dueña de la casa.

—Gracias, es muy amable.

Le faltaba un ojo, tenía una pierna desencajada y el cabello, que surgía de un sinfín de puntos de la cabeza, estaba más que sucio, lo mismo que la ropa, de un color verdoso. Primero la observó con fijeza, su expresión eternamente sonriente, la naricita apenas elevada y los hermosos labios rosados. Después la estudió con más atención, las manos, los pies, su forma, el cuerpo.

La señora Hermann alzó una sospechosa ceja cuando le subió la ropa, para verla por debajo.

Una muñeca.

Nada más.

—¿Habla su hija con sus muñecas, señora Hermann?

—Juega con ellas y les habla, sí, como todas las niñas.

Tenía algunas preguntas más, pero hubiera preferido hacérselas a la pequeña, no a la desconfiada madre. Y con su dichosa enfermedad no estaba seguro de que le permitiera acercarse mucho a su retoño.

—A esta la llama Karla y es su hermana pequeña. —Fue un poco más comunicativa su vecina.

—Interesante, sí.

Su examen había terminado. No tenía sentido seguir allí. La luz era tan mortecina que le dolían los ojos.

—Me ha servido de mucha ayuda. —Le devolvió la desvencijada muñeca—. En serio, gracias.

—No hay de qué. —Inició el retroceso que culminó cerrando la puerta.

Franz Kafka subió a pie hasta su piso. No tuvo que abrir con su llave porque Dora se asomó nada más escuchar el ruido de sus pasos. Lo recibió con la dulzura de una sonrisa y el afecto de sus brazos abiertos.

—Me pareció haberte oído hablar con alguien.

—Con la señora Hermann, sí.

—Qué sociable.

—Quería... —¿le contaba que su alto en el camino había sido para examinar una muñeca?

Después. Ahora lo único que de verdad deseaba era encerrarse en su estudio y comenzar aquella singular carta.

La más difícil de su vida.

—¿Qué tal el paseo? Has tardado más que otros días —dijo Dora.

—Luego te lo cuento, ¿de acuerdo?

—¿Adónde vas?

—A escribir un rato.

—¿Ahora?

Franz Kafka la besó en la comisura del labio. Las explicaciones podían resultar muy complicadas, y Dora tal vez se riese, o le creyese un loco samaritano de niñas que perdían muñecas en los parques de Berlín. Prefería tomarse su tiempo para cada cosa. Y aquel era el tiempo de cumplir con su ansiedad.

—Necesito hacerlo.

Comprendió que eso bastaba. Era hombre de fiebres y arrebatos. Ella lo sabía de sobra.

—Está bien.

—Gracias.

—Te avisaré para comer.

—Sí.

—¿Comerás?

—Sí.

No lo tenía tan claro. Conocía aquella expresión alucinada.

Franz Kafka entró en su estudio y cerró la puerta. Se quitó la chaqueta, la colgó del perchero, ocupó su silla y tomó su pluma. Los folios en blanco esperaban siempre sobre la mesa.

—Vamos allá, Brígida —suspiró antes de empezar a escribir.

9

El tiempo había transcurrido perezoso a lo largo de aquella última hora, como si las manecillas estuviesen quietas, en huelga, incapaces de moverse y progresar. Cada vez que miraba el reloj se le antojaba que, en vez de avanzar, jugaba con su paciencia. Llegó a contar mentalmente hasta sesenta, despacio, para asegurarse de que pasaba un minuto.

Por su cabeza aún revoloteaban las palabras de Dora.

—Eres increíble, ¡todo esto por una niña desconocida!

—Desconocida no, se llama Elsi.

—No sé si eres un santo o estás loco, querido.

A veces pensaba que las dos cosas.

Era la hora. En el lejano reloj que servía de guía a Elsi, las manecillas formaban finalmente la figura que ella había dibujado con los dedos el día anterior. Quedaba la última espera, la peor, la de la incertidumbre.

¿Y si su madre, después del incidente de la muñeca perdida, no la dejaba bajar? ¿Y si su hija le había contado la curiosa charla con el cartero de muñecas y la mujer, en lugar de tomárselo como un divertimento o un juego, lo consideraba sospechoso? ¿Y si la madre se presentaba con dos fornidos policías dispuestos a ver si sus intenciones eran buenas?

Franz Kafka tenía los ojos fijos en el punto por el cual el día anterior vio desaparecer a Elsi.

La mañana era cálida y agradable, una hermosa y armónica conjunción de placidez y buena temperatura. El parque brillaba todavía más que 24 horas antes, como si el barrio entero paseara sumido en un lánguido ocio. Por fortuna, el banco que ocupaba seguía vacío a causa de que el sol no incidía de forma directa en él. Cuando llegase Elsi estarían solos.

Se sentía bien.

Muy bien. Mejor que nunca. El enfebrecido trabajo de toda la tarde anterior le había sumido en un estado de tensión nerviosa que ahora se convertía en serena complacencia. Aquella excitación, aquel paroxismo...

La hora.

No tuvo que esperar mucho más, ni mirar el reloj de nuevo. Elsi se hizo visible en la distancia y su pequeño volumen aumentó y le ganó cuerpo al espacio corriendo hacia él. Lo hacía sola, decidida. Vestía de forma distinta, aunque calzaba las mismas botitas y los calzones eran iguales. La chaquetilla se había convertido en un abrigo de primavera y la camisa con cuello de encaje en una blusa primorosamente bordada. Tampoco llevaba las trenzas, sino su cabello largo y oscuro libre bajo un casquete de color azul.

Franz Kafka sonrió.

¿Cómo describir su talante? ¿Feliz, contento?

¿Paternal?

Elsi no aminoró la carrera al verlo sentado en el banco. Su rostro tampoco mostró cambio alguno. Para la mente infantil, la realidad siempre era una, sin paliativos o alternativas. Su cartero tenía que estar allí y allí estaba. Punto. Se detuvo delante de él, escrutándolo con fijeza, y, jadeando, hizo la única pregunta que le importaba:

—¿Ha traído la carta?

—Sí.

No mostró alivio ni contento, tan solo seriedad, la de cualquier persona adulta ante algo situado al margen de la más absoluta normalidad. Se sentó en el banco, a su derecha, y sin apartar sus ojos esperó a que él hiciera lo que se suponía que debía hacer: mostrarle la tan esperada carta.

Franz Kafka se sintió un poco ridículo por primera vez.

Si alguien le viera, o conociera aquella insólita historia...

Pero el mundo se movía impertérrito a su alrededor. No eran precisamente el centro de ninguna atención. Nadie reparaba en ellos, un hombre y una niña sentados en un banco del parque.

Extrajo la carta del bolsillo de su chaqueta y se la mostró.

—¿Lo ves? —Señaló la dirección—. «Señor cartero de muñecas, esta carta es para Elsi».

La niña la tomó en sus manos y fue igual que si la meciera. Luego le dio la vuelta y miró el remite.

—«Brígida. West End. Londres» —dijo Franz Kafka.

Ni siquiera faltaba el detalle del sello. De algo tenía que servirle guardarlo todo, como por ejemplo sellos de otros lugares. Lo había despegado con cuidado de su sobre y vuelto a pegar en el de Brígida. Un auténtico sello británico.

—¿Brígida está en Londres?

—Sí, en la capital de Inglaterra.

—¿Eso está muy lejos?

—Bastante, al otro lado del canal de la Mancha.

—¿Qué hace ahí?

—No lo sé. No he leído la carta.

—¿Puedo abrirla?

—Pues claro. Es tuya.

Lo hizo con pulcritud, como si temiera romper el contenido si rasgaba con un exceso de ímpetu el sobre. Empleó dos dedos de cada mano, el pulgar y el índice, para separar la pestaña y extraer la hoja de papel escrita a mano con letra suficientemente clara como para que pudiera leerla ella.

Pero, aunque la niña lo intentó, acabó dándole la hoja de papel a su compañero.

—Tome —le dijo—. Léamela usted.

—De acuerdo. —Kafka tomó la misiva y carraspeó un par de veces para aclararse la garganta—. ¿Empiezo ya?

—Sí.

—Bueno, pues... Dice: «Querida Elsi, ante todo, perdona que me marchara de tu lado de forma tan rápida, sin despedirme de ti. Lo lamento de veras y espero que no te enfadaras. A veces hacemos cosas sin darnos cuenta, o reaccionamos inesperadamente ante lo que nos dice nuestro instinto, y causamos un dolor a los demás que no deseamos. Te pasa a ti con mamá, ¿verdad? Lo que sucede es que las despedidas son tristes, y no quería que lloraras, ni que trataras de convencerme de que me quedara contigo un poco más. A lo peor no me habrías dejado marcharme, y tenía que hacerlo. Espero que lo comprendas. Te quiero tanto, Elsi, tanto que no habría soportado verte llorar o que me vieras llorar a mí. —Miró a la niña de reojo. Escuchaba atentamente, con los ojos fijos en el suelo, así que continuó—: Ahora sé que estarás más tranquila, y que sabiendo que yo estoy bien, te alegrarás por las dos».

Hizo una pausa un poco más larga.

—¿Ya está? —Le mostró su carita de incredulidad Elsi.

—Oh, no, perdona —se excusó—. Es mucho mas extensa, desde luego.

—Siga —le pidió.

—«Elsi, has de saber que vivir representa ir siempre hacia delante, aprovechar cada momento, cada oportunidad y cada necesidad. Tú también lo harás dentro de unos años. Las personas y las muñecas estamos hechas de sentimientos y emociones que hay que ir gastando poco a poco. Son nuestra energía vital. Después de estos años a tu lado, soy la muñeca más feliz que existe, porque mi energía rebosa. Quiero que estés contenta, y mucho, porque todo cuanto soy te lo debo a ti. Tú me has cuidado, me has enseñado, me has querido y me has hecho ser una buena muñeca. Ahora, cuando he estado preparada para iniciar mi nueva vida, la partida ha sido triste por dejarte pero hermosa porque gracias a ti soy libre para hacerlo».

—No volverá —le interrumpió Elsi.

Franz Kafka escogió las palabras con tacto, y aún más el tono en que las pronunció.

—Me temo que no, porque parece estar tan contenta...

—Sí —asintió convencida.

—Por esa razón ha estado contigo tanto tiempo.

La niña miró la carta. Su interlocutor reanudó su lectura:

—«Londres es una ciudad muy bonita, y para mí ha sido maravilloso descubrirla. Ahora mismo te escribo desde su corazón, Piccadilly Circus, después de pasear en barco por el Támesis y de caminar un rato por Trafalgar Square. Esta noche asistiré a una representación teatral en el Soho...».

Continuó leyendo.

Londres, las idas y venidas de Brígida.

La muñeca más activa y rápida del mundo.

Elsi no se perdía detalle de la larga, muy larga carta escrita por Brígida para que ella no se sintiese triste ni volviera a llorar al recordarla.

h

Al concluir la lectura de la carta, Franz Kafka pensó en lo efímero que, de pronto, parecían los resultados, frente a las muchas horas invertidas en aquella sencilla redacción.

Ahora todo dependía de Elsi.

La niña continuaba mirando al suelo.

—¿Qué tal? —le preguntó distendido.

—Bien. —Ladeó la cabeza mostrando la ambigüedad que la invadía.

Seguía luchando entre su enfado y su tristeza, el conformismo y la rebeldía que le producía sentirse víctima de tan injusta situación.

—Toma. —Le entregó la carta.

Elsi la sostuvo entre las manos.

—Parece feliz —acabó aceptando.

—Mucho.

—Y contenta.

—¿Por qué no habría de estarlo?

—Porque sin mí...

Franz Kafka se mordió el labio inferior. No tenía ni idea de psicología infantil. Lo único que sabía, por instinto, era que los más pequeños rezumaban egoísmo. Formaba parte de su propia inocencia. Egoísmo por precaución, por supervivencia, por necesidad. Lo querían todo, amor, caricias, atención. Ser el centro del universo y que el mundo girase a su alrededor era tan natural como que la comida apareciese, por arte de magia, en la mesa todos los días.

—Ya lo has oído, ¿no? Lo más importante es que es feliz gracias a ti.

—No lo entiendo —reconoció la niña.

—Por mi larga experiencia como cartero... —Una vez más buscó las palabras adecuadas a la situación—. Verás, hay muñecas que nunca se van de viaje. Tienen miedo. Se quedan con sus niñas, pero no por amor hacia ellas, al contrario: se quedan por ese miedo. Y el miedo es algo malo y perverso que limita la libertad. Quien tiene miedo no vive, agoniza. Brígida ha tenido en ti a la mejor maestra. Tú le enseñaste a no tener miedo y a enfrentarse a la vida cuando ha sido necesario. Por esa razón pienso que deberías sentirte muy orgullosa.

—Lo estoy —asintió con toda vehemencia.

—Pues no lo parece —lamentó el insólito fabulador.

—Es que aún me cuesta creer que no esté a mi lado. —Elsi hablaba despacio, abriéndole su corazón—. Anoche la eché mucho de menos, cuando me acosté, porque solía dormir abrazada a ella. Y esta mañana tampoco hemos podido jugar juntas. Además, no sé por qué, siento que es un secreto mío y no le he contado nada a mamá. No sé siquiera si he hecho bien. Fue mamá la que me regaló a Brígida cuando nací.

—Las madres suelen mostrarse poco predispuestas a creernos.

—¿Usted también tiene madre?

—Claro, y tres hermanas. También tuve dos hermanos pero murieron siendo muy niños. Yo soy el mayor.

—¿Tuvo una muñeca que se fue de viaje?

Hizo memoria.

—Lo que yo tuve fue un soldado de plomo.

—Entonces se iría a la guerra.

—No, no, se fue de viaje. Exploró muchos sitios, el Polo Norte, el Polo Sur, Alaska... La última carta que recibí provenía de algún lugar de China.

—Señor cartero...

Se encontró con aquellos ojos de mirada limpia que lo atravesaban.

—¿Sí, Elsi?

—¿Puedo escribir yo a Brígida?

La angustia se apoderó de él.

No había pensado en ello.

Prueba de que con los niños no se podía, y a veces iban muy por delante de los mayores.

—Me temo... que no. —Mantuvo su lado más imperturbable.

—¿Por qué?

—Porque si es una muñeca viajera no se quedará en Londres.

—¿Y cómo sabemos que es una muñeca viajera?

—Porque se ha ido a Londres en lugar de quedarse a vivir aquí.

—Ah. —Parpadeó—. ¿Y adónde irá después?

—No lo sé —reconoció.

—Pero mañana me lo dirá en su carta, ¿no?

Franz Kafka se quedó con la mente en blanco y el corazón encogido. La carta había sido un parto. Con dolor.

Un parto cargado de espinas con la mejor de las intenciones: devolver la paz al alma de una niña herida.

Ahora, lo que ella le pedía era...

Los ojos de Elsi seguían fijos en él. Unos ojos transparentes, hermosos, llenos de sincera entrega. La niña creía. Se había transformado en el cartero de muñecas. Creía y eso era más de lo que muchos adultos podían esperar de los niños.

Mañana.

Otra carta.

—Sí, Elsi. —Le pasó una mano arrebatada y dulce por la cabeza—. Claro que mañana habrá otra carta de Brígida contándote dónde está y cómo le va en su nueva vida.

i

Regresó a su casa nuevamente angustiado.

Una carta representaba casi una aventura. Otra carta marcaba un camino, una peligrosa senda por la que, en caso de internarse, bordearía el peligro.

Aquella segunda carta era un puente.

¿Cuántas cartas necesitaría Elsi para ser feliz?

¿Y cuántas Brígida para liberarse?

Si no la escribía, jamás podría regresar al parque Steglitz. ¿Cómo iba a ser capaz de encontrarse a Elsi días o semanas después fingiendo indiferencia, o envuelto en una dolorosa mentira? Sería incapaz de enfrentarse a su nueva amiga con la paz y la serenidad necesarias. Le habría fallado.

Pero si la escribía se metería en unas arenas movedizas que se lo tragarían muy lentamente.

Llegó a su edificio, entró en el vestíbulo. El azar quiso que se tropezara con la señora Hermann y su hija bajando la escalera. La saludó cortésmente, inclinando la cabeza. Se había quitado el sombrero nada más abandonar la calle, así que no forzó el gesto. La mujer correspondió a su saludo mirándolo de la misma forma sospechosa que el día anterior. La niña, de la mano de su madre, era una copia en rubio del ángel del parque Steglitz. No llevaba ninguna muñeca con ella.

El intercambio fue rápido.

Mientras subía la escalera, oyó la voz de la pequeña, alta y clara, justo en la puerta de la calle:

—Es raro, ¿verdad, mamá?

—¡Chsss...! —la reprendió—. ¡Te va a oír!

Contó los peldaños. Solía hacerlo. Cada vez se fatigaba más. La angustia, sin embargo, no provenía en esta ocasión de su tuberculosis, sino de aquel nuevo reto.

La segunda carta de Brígida.

Recordó la despedida de Elsi en el parque unos minutos antes. La había visto sonreír por primera vez. Todo un regalo.

—Gracias, señor cartero.

—No hay de qué, Elsi.

—Hasta mañana.

La primera carta había sido un modelo de exquisitez, estaba seguro. Le costó mucho redactarla, por eso se sentía orgulloso de ella. Hizo distintos borradores, estudió el tono, cambió palabras, calculó la intensidad, buscó un lenguaje sencillo y comprensible...

—Franz, ¿hablas en serio? —Se detuvo en un descansillo, preocupado.

Hablaba en serio.

—¿Vas a seguir con eso?

Iba a seguir.

Él, un hombre adulto, escritor complejo, escribiendo cartas de una muñeca a su dueña.

Estaba metido hasta las orejas en una trampa de la que no sabía cómo escapar y que no podía dejar a medias una vez iniciado el juego. Si no se presentaba al día siguiente en el parque, sería peor.

Llegó a su rellano, abrió la puerta y se encontró con Dora esperándolo.

—¿Cómo te ha ido?

—Oh, bien.

—¿Se ha quedado satisfecha?

—Sí, mucho.

—Bueno, por lo menos la has hecho feliz. —Dora le echó los brazos al cuello y lo besó en los labios—. Eres un loco maravilloso y eso me encanta.

No sabía si decírselo, pero tenía que hacerlo. Volvía a sentir aquella fiebre.

—Hay un problema.

—¿Cuál? —Su compañera abrió los ojos.

—He de escribir otra carta.

—¿Por qué? —le mostró su sorpresa.

—Porque Brígida es una muñeca viajera, no puede recibir cartas de Elsi, y ella espera que le cuente cómo le va en su nuevo destino.

—¡Franz!

—Lo sé. —Aceptó el compromiso de sostener su mirada—. Pero ¿qué querías que hiciese? Ella confía en mí.

Confiar.

—No la conoces de nada, y ella a ti tampoco.

—Da igual, es una niña. Lo único que cuenta es eso. El tema se ha convertido en una responsabilidad mía.

—Creía que ibas a continuar con tu libro...

—¿Cómo quieres que ahora piense en escribir cualquier otra cosa?

Dora se cruzó de brazos. Llevaban poco tiempo juntos, pero lo conocía muy bien. Los problemas, de su salud y otros, no hacían sino unirles más. Conocía aquella mirada, aquella determinación, la intensidad de la energía que parecía desbordarle el alma cuando se apoderaba de él.

—Así que vas a meterte en tu estudio —suspiró.

—Sí.

—¿Y desde dónde escribirá Brunilda...?

—Brígida.

—Da igual, ¿desde dónde escribirá Brígida esta vez?

Franz Kafka lo pensó unos segundos.

Luego sonrió.

—¿Qué tal París? —propuso.

j

La aparición de Elsi se adelantó por lo menos dos minutos esa mañana. No importó, porque él ya llevaba allí no menos de diez, en el mismo banco, a la sombra, aguardando impaciente, mientras el resto de paseantes perseguía el tímido sol que jugaba al escondite con las nubes que sembraban el cielo de malos presagios.

El día anterior había llegado seria, expectante. En esta ocasión, todo lo contrario.

Sonreía.

Detuvo su carrera a través del parque y repitió uno de los gestos más característicos de su joven personalidad: fijar aquellos ojos firmes y dotados de una intensidad especial en los suyos.

Ojos desprovistos de contaminación alguna, limpios y puros.

—¿Ha llegado hoy carta?

—Sí.

La mirada se le iluminó aún más.

—¿De dónde es?

—De París.

—¡París! —lo repitió en un gozo sublime, una especie de canto.

—¿Sabes dónde está París?

—¡Claro, en Francia! ¡Mis padres han estado allí! ¡Hay una torre muy alta, de hierro!

Ya estaba sentada a su lado, esperando. Franz Kafka extrajo la segunda carta de Brígida del bolsillo de su chaqueta. Tampoco en esta ocasión faltaba el menor detalle. El sello era francés y había sido despegado de un sobre remitido desde Francia. Con la misma letra clara y pulcra se leía el nombre del destinatario: «Señor cartero de muñecas, esta carta es para Elsi».

Elsi le dio la vuelta.

—«Champs Élysées, Paris» —leyó.

—¡Qué suerte tienes de que tu muñeca piense tanto en ti y te escriba! —observó Franz Kafka.

—Brígida es una muñeca muy buena.

—Desde luego.

Elsi abrió el sobre y extrajo las dos hojas de papel. Dos. El secreto autor del texto sonrió para sí. Lo cierto es que, ahora, se sentía cómodo. La pluma había volado con mucha más soltura y las palabras se habían encadenado como una larga trenza de emociones y sentimientos.

Brígida estaba dentro de su cabeza.

—¿Me la lee?

—Claro.

Ninguna pregunta comprometida acerca de la pasmosa celeridad con la que llegaban las cartas desde cualquier lugar hasta Berlín. Ninguna duda o interrogante. Por lo menos esa era una parte del encanto infantil mejor aprovechada por los adultos: su credulidad.

Bastaba con ser convincente.

—«Querida Elsi —había meditado mucho sobre la mejor forma de comenzar la carta, y estaba seguro de que aquella era un acierto—: ¿Sabías que el cielo de París es del color de tus ojos cuando ríes y que las nubes son como los melocotones que se te forman en las mejillas? Pues así es. ¡Estoy en París! ¿Puedes creerlo? En esta segunda etapa de mi viaje he querido navegar por el Sena, ver el museo del Louvre, pasear por los Campos Elíseos y subir a la Torre Eiffel. —Hizo un alto para aclararle—: La torre de hierro. —Y continuó—: Espero que no te aburras con mis aventuras, porque voy a contarte todo lo que he hecho. ¿Estás dispuesta?».

—Sí —dijo Elsi respondiendo a la pregunta de la carta.

Franz Kafka siguió leyendo.

Ya no sentía el miedo ni la inquietud del día anterior. Ya no experimentaba ninguna otra cosa que no fuera serenidad y emoción. Si había escrito aquellas palabras atrapado por el magnetismo de la historia, si se había volcado en cada uno de los sentimientos que sentía, ahora era capaz de leerlas con la misma devoción. Lo fundamental en una relación como aquella era la complicidad.

Elsi y él eran cómplices.

Leyó y leyó, marcando cada inflexión, creando misterios en la narración, aprovechando el tono y lo fascinante de cada nueva experiencia. Brígida era muy singular. No solo le apetecía la cultura, como lo probaba que visitara el museo del Louvre, sino también descubrir la animada vida nocturna parisina. La muy tunante había ido nada menos que al Moulin Rouge, a ver un espectáculo de baile. Y a juzgar por su entusiasmo al describirlo, se lo había pasado la mar de bien. Además, su día y sus horas debían de ser extensibles. Subir a la torre Eiffel, pasear por el Bois de Boulogne, navegar por el Sena, recorrer los puentes que lo jalonaban o ir de compras apenas si le ocupó un tiempo prudencial. También cenó en Maxim's, fue a la Ópera y durmió en la mejor habitación del hotel George V. Una maravilla.

La descripción de la última moda parisina tampoco faltaba en su relato.

Dora estaba al tanto.

La parte final de la carta era, según su criterio, otro acierto:

—«Espero que el señor cartero que te entrega mis cartas sea una persona amable y buena, como lo son todos los carteros de muñecas. —Se fijó en que Elsi asentía con la cabeza—. Y espero que tú te estés portando muy bien ahora que no estoy yo, que comas como es debido y no hagas enfadar a...».

—Parece mi madre —suspiró la niña.

Franz Kafka se mordió el labio inferior.

Tal vez se hubiera pasado un poco.

—«Te quiere mucho, tu amiga Elsi» —decidió despedirse.

La pequeña continuó tal cual, feliz y orgullosa, pero todavía con aquel atisbo de tristeza que a veces florecía en su rostro. Por ella, la carta habría podido tener diez páginas.

Miró a la niña que pasaba por delante de ellas en ese momento, empujando un cochecito con una muñeca en su interior. Una mujer con aspecto de institutriz velaba por su seguridad.

—Qué suerte poder viajar —musitó Elsi.

—Tú también lo harás algún día si lo deseas —dijo Franz Kafka.

—¿Usted ha viajado?

—Un poco. —Pensó en los hospitales y lugares de reposo visitados en los últimos tiempos a causa de su enfermedad, diagnosticada casi seis años antes: Matliary, Spindlermühle, Planá, Müritz... Y le habían hablado de sanatorios muy buenos, el de Wienerwald, el Kierling, la clínica Hajek—. Un poco, sí.

—¿Por su trabajo de cartero?

—No, antes de eso.

—¿Y qué hacía?

Lo meditó un par de segundos. Un cartero de muñecas no podía trabajar en una compañía aseguradora, el Instituto de Seguros para Accidentes de Trabajo. Un cartero de muñecas que recibía cartas de una muñeca viajera llamada Brígida tenía que haber sido, por lo menos...

—Era maquinista de tren.

—¿Sí? —Los ojos de Elsi se convirtieron en lunas.

—Conducía una extraordinaria máquina de vapor, sí —lo anunció orgulloso—. Hacía sonar el silbato cada vez que entraba o salía de los pueblos y ciudades.

—¿Era emocionante?

—No estaba mal.

—¿Y por qué lo dejó?

—El humo. Por eso a veces tengo tos. Y también porque con los años ya me aburría. Iba siempre por el mismo camino, sobre los raíles. La vida tiene muchos caminos, Elsi.

—Brígida viaja en tren, en barco, en automóvil... ¿verdad?

—Ese es el espíritu de la aventura.

Dejaron de hablar el uno con el otro. Una niña de la misma edad que Elsi, como mucho unos meses mayor, llegó corriendo por la derecha. Ni siquiera se fijó en él.

—¿Vienes a jugar?

Elsi se guardó la carta en el bolsillo de la chaquetilla.

—He de irme —le dijo a su amigo el cartero.

—Claro.

—Hasta mañana.

Hasta mañana.

Brígida tenía todo un mundo por delante.

k

De noche, en la cama, supo lo mucho que le iba a costar conciliar el sueño.

La culpa no solo era de la carta escrita a lo largo del día, sino también de aquel beso.

Se llevó la mano a la mejilla.

¿Por qué los besos de los niños tenían sabor?

Elsi se lo había dado antes de echar a correr con su amiga, repitiendo su gesto de la primera vez, rápido y afectuoso. Un beso de cariño, dulce, de rendido afecto.

Un beso que se había ganado a pulso.

Y quien es capaz de merecer un beso...

Se dio la enésima vuelta en la cama.

—¿No puedes dormir? —escuchó la voz de Dora a su lado.

—Oh, sí, sí, perdona.

—¿Te preparo algo?

—No, en serio.

—¿Un té?

—Duerme, no seas tonta.

—No serías tú si no te involucraras hasta el fondo, cariño —musitó la adormilada voz de su compañera.

Hasta el fondo.

No le habría ido nada mal un té, o un calmante. Cuando le costaba dormir se sentía presa de una desazón mayor que la del insomnio en sí. «¡Ah, los niños son traidores!», pensó. «¡Sorprenden con lo mejor y más puro de sí mismos! ¡Pueden dar afecto con una facilidad que asusta!». Y en un mundo siempre zozobrante, que se movía al filo del egoísmo, la incertidumbre y la crueldad humana, cualquiera sabía que eso era algo peligroso. Un niño igual mataba con su sinceridad como atravesaba los gruesos muros de la conciencia con su desparpajo.

Abrió los ojos y miró la oscuridad.

Nadie veía en la oscuridad, pero él sí.

La oscuridad era una pantalla, como la de los cinematógrafos.

Unos meses atrás había pedido a su amigo Max Brod que, cuando muriera, destruyera toda su obra, todas aquellas páginas escritas y nunca publicadas. Ahora se daba cuenta de que las cartas de Brígida a Elsi quedarían fuera de esas llamas.

Qué tontería.

¿Importaba mucho?

No las escribía él, sino Brígida.

La tercera procedía de Viena. Quizás le había salido menos vital, menos entusiasta que la de París o, incluso, la de Londres. Claro que Viena era una ciudad adusta y pragmática, noble y aburrida. ¿Se había dejado algo? Podía levantarse para echarle una última ojeada, o reescribirla por la mañana, antes de su cita en el parque Steglitz. La simple idea de enfrentarse de nuevo al papel le hizo rebelarse. No, ni hablar. La dejaría tal cual. La siguiente la escribiría... desde Venecia, sí, maravilloso, una ciudad perfecta para dejar volar la imaginación. Brígida en San Marcos, Brígida en el *vaporetto*, Brígida en góndola. Fascinante. La hospedaría en el marco más bello, el Hotel Danieli. Por alguna parte tenía fotos. Y al siguiente día... ¡Moscú! Sin duda un gran contraste. Luego seguiría por España, Grecia, Hungría... ¿Solo el Viejo Continente? No, ¿para qué limitarse? Brígida cruzaría el mar. Los misterios de África, el exotismo asiático, la fascinante América de norte a sur.

¿Por qué estaba tan excitado? ¿Se acababa de volver loco? ¡Sí, de atar! Si alguien se enteraba de su historia con Elsi no necesitaría morirse de tuberculosis. Le encerrarían directamente en un manicomio.

Otra vuelta en la cama.

Un gemido de Dora.

—Voy a prepararte una tila —se enfurruñó ella.

—No, perdona, lo siento...

Su compañera ya caminaba en dirección a la cocina como una sonámbula, envuelta en su somnolencia.

Tercera ilusión: el largo rumbo de la muñeca viajera

1

Dos semanas.

Catorce cartas.

Brígida recorría el mundo a una velocidad de vértigo, y sus aventuras eran cada vez más insólitas, más hermosas, más dignas de una fascinante odisea para una muñeca y de una fantasía de escritor que de la realidad, por remota que pudiera ser. Y lo extraordinario del caso, lo que más maravillaba a Franz Kafka, era la forma en que Elsi escuchaba el relato de esas experiencias, emocionada, plena e identificada, cada vez más cómplice de que su querida Brígida fuese capaz de tan singulares alardes.

Brígida había cruzado el extenso desierto del Sahara en una caravana de camellos, explorado la India, recorrido la gran muralla china, nadado en el mar Muerto, escalado las altas cumbres del Himalaya, volado en globo... Brígida había estado en Pekín, en Tokio, en Nueva York, en Bogotá, en México, en La Habana, en Hong Kong... Brígida era famosa. Saltaba de un continente a otro en un abrir y cerrar de ojos. Ya no importaba ninguna lógica. En sus manos y su imaginación, la muñeca había conseguido que el mundo fuese un pañuelo. Ni Julio Verne la hubiese creado más fabulosa ni el mundo se le habría resistido en menos de ochenta días.

Dos semanas.

Catorce cartas.

Franz Kafka estaba impresionado.

Había tenido que comprar sellos usados en una filatélica y visitar un anticuario para mantener con dignidad el largo viaje de Brígida. Las cosas, o se hacían bien o no se hacían. Dora estaba medio fascinada y medio enfadada. Desde que Elsi había entrado en su vida, no hacía otra cosa que escribir aquellas cartas, con una voluntad y una dedicación que ya querría para sus cuentos o novelas. El enfado de Dora se debía a su catárquica concentración en pro de aquella correspondencia unilateral. La fascinación en cambio era debida a la voluntad depositada en su empeño. Su compañera la valoraba.

De noche, cuando lo abrazaba en la cama, le susurraba:

—Solo a ti se te habría ocurrido algo parecido, cariño. Te quiero.

¿Salvar a una niña no era como salvar al mundo?

El primer dolor solía ser duro y amargo. El primer choque con la realidad, el despertar. Elsi jamás habría olvidado la pérdida de su muñeca. Ahora, en cambio, brotaba en ella aquel orgullo...

Incansable.

¿O no?

Porque, de pronto, esa mañana...

Franz Kafka examinó de nuevo su reloj, y el de la torre. Ningún error. Pasaban diez minutos de la hora habitual a la que Elsi aparecía corriendo por el extremo del parque, a su izquierda. Diez minutos, la mayor de las tardanzas. ¿Significaba eso que su interés había muerto de repente? ¿Y si se encontraba enferma? ¿Qué haría Brígida en tal caso, seguir escribiendo día tras día para cuando se recuperase?

Dos semanas, catorce cartas, y aquellos diez minutos bastaban para enfrentarlo a una certeza desconocida hasta ese momento.

¿Hasta cuándo sería el cartero de muñecas?

¿Hasta cuándo escribiría la muy viajera Brígida?

Once minutos, doce.

Franz Kafka bajó la cabeza. Se sintió más triste y desilusionado que Elsi la mañana de la irreparable pérdida. Recordó paso a paso la escena de la que había formado parte veinticuatro horas antes sin hallar en ella nada que indujera a sospechar del cansancio de la niña. Había disfrutado mucho sabiendo cómo Brígida navegó por el Nilo y se internó valiente y audazmente por los pasillos secretos de las pirámides. Tanto como él escribiéndolo. De hecho le entraron unos deseos enormes de visitar Egipto.

Quince minutos.

Se resignó a lo inevitable. Si se trataba de un resfriado, la pobrecilla lo estaría pasando tan mal como él, sin posibilidad de avisarlo. Si por el contrario era el cansancio, el fin de su interés... Por lo menos habría cumplido con su tarea, impidiendo que una enorme herida presidiera la existencia de Elsi a causa de la pérdida de Brígida. Bastante había hecho con serle fiel dos semanas enteras.

—Podrás volver a escribir algo de provecho —se dijo.

¿Acaso no era de provecho la correspondencia de Brígida?

Tal vez tuviera más valor que cualquiera de aquellos relatos que nunca publicaría, y que estaban condenados al fuego y al olvido cuando Max Brod cumpliera con su voluntad tras su muerte.

Se sentía triste.

Decepcionado.

Veinte minutos.

¿Por qué seguía esperando? Nada menos que él, Franz Kafka, un adulto, esperando a una niña de poquísimos años...

Iba a levantarse.

Entonces la vio, como siempre, corriendo desde el extremo del parque, más veloz y congestionada que otras veces. Corriendo como aquello fuese lo más importante de su corta vida.

Ningún olvido.

Allí estaba Elsi.

Franz Kafka sonrió aliviado

—¡Oh, lo siento de veras, señor cartero! —La niña casi se le echó encima al llegar a su lado—. Mi madre se encuentra indispuesta y he tenido que... ¡Pero está aquí, no se ha ido! —Sus ojos brillaban intensos—. ¿De dónde es hoy la carta?

m

El mapa del mundo, de pronto, se le antojaba muy pequeño.

Lo examinó con detenimiento. Países, ciudades, maravillas. Las ilusiones no tenían límites. En el mundo de las muñecas no existían las fronteras, ni las razas, ni los problemas con las distintas lenguas. En el mundo de las muñecas, Brígida era la reina por obra y gracia de su libertad y por el afán de su dueña, siempre dispuesta a imaginarla feliz.

Una prolongación de sí misma.

Dora lo abrazó por detrás y le besó la cabeza, por entre el cabello enmarañado. Franz Kafka sintió la caricia y el susurro de su voz hablándole casi al oído.

—Mañana bajaré al parque contigo para conocerla.

—No, prefiero que no.

—¿La quieres para ti solito?

—No es eso.

—¿Seguro que tiene pocos años?

La agarró por las muñecas y le hizo dar la vuelta hasta situarla a su lado. Entonces se apartó de la mesa y la sentó sobre sus rodillas. Dora era hermosa. A veces la comparaba con sus dos prometidas anteriores, Felice

Bauer y Julie Wohryzek, y también con aquella joven de dieciocho años con la que tuvo el breve romance en el sanatorio de Hartungen en el que se trataba la tisis, o con Milena Jesenská, su dulce Milena, su mejor confidente, pero no había comparación posible. O quizás no la hubiese por ser la última, la que estaba ahora a su lado, mientras que las demás ya no existían más que en su recuerdo.

Una profesora de hebreo dedicada a él en cuerpo y alma en lo más duro de su descenso hacia la muerte.

—Cuando crezca romperá muchos corazones —predijo él.

—Ahora ya ha roto uno. —Dora le pasó una mano por el pelo.

—Soy su cartero, no lo olvides.

Ella le hizo la pregunta más temida.

Y obligada.

—¿Hasta cuándo?

Franz Kafka se quedó pensativo. La demora de aquella mañana le había hecho comprender algunas cosas. Había tenido tiempo de meditar. Elsi no se cansaría jamás. Brígida era su muñeca, y cada carta un maravilloso juego y la posibilidad de seguir a su lado, unidas, compartiendo los días felices de su existencia. El final no estaba del lado de ella, sino de sí mismo.

Y no podía prolongarse demasiado.

El invierno podía ser muy duro.

—No puedes pasarte la vida así —continuó Dora ante su silencio.

—Ya lo sé.

—¿Entonces?

—Me siento bien, ¿sabes? Es algo muy extraño.

—Siempre es hermoso procurar la felicidad ajena.

—Es algo más que verla contenta. Yo solo me metí en todo este lío para que aquel día no estuviese tan triste. Después se ha ido complicando.

—Ves en ella la hija que no tienes.

—No, no se trata de eso.

—Adquiriste un compromiso y pretendes llevarlo hasta las últimas consecuencias.

—¿Cuánto tarda en crecer una niña? —sonrió.

—No lo sé. —Dora lo acompañó en su sonrisa—. Creo que yo ya era así a los pocos días de nacer.

—¿Sabes qué me ha preguntado esta mañana?

—No.

—Que dónde estaban las otras cartas que se supone debía repartir.

—¿Y qué le has dicho?

—Que era una época de poco trabajo, y que solo recibía la carta para ella por la mañana y la de otra niña llamada Renata por la tarde. —Suspiró con fuerza—. Pero el quid de la cuestión no es ese, sino que ya ha empezado a hacer preguntas de difícil respuesta. Cualquier día querrá saber de dónde saca Brígida el dinero para viajar.

—¿Y qué le dirás?

—¿Que ha encontrado oro?

—¿Por qué no la casas?

Franz Kafka se quedó mirándola en silencio.

Ellos también habían hablado de casarse. Vivir juntos era motivo de rumores y comentarios malintencionados, en la vecindad y fuera de ella. Pero el padre de Dora jamás aceptaría que su hija se condenase junto a un escritor que llevaba un año jubilado anticipadamente debido a su enfermedad, detectada por primera vez la noche del 12 al 13 de agosto de 1917, casi seis años antes, cuando tuvo su primer ataque de hemoptisis, síntoma de una tuberculosis pulmonar.

—¿Se casan las muñecas? —preguntó.

—Brígida es capaz de todo, si tú lo quieres.

Un resquicio. Una ventana abierta.

Era escritor, así que tenía que encontrarle un final a la historia de la muñeca viajera.

Abrazó a Dora, apoyó la cabeza en su pecho y se quedó allí sentado, con ella en su regazo, un largo rato, arropado por su amor en el silencio.

n

Su voz fluía igual que un murmullo, rompiendo apenas el aire a su alrededor. Un riachuelo que serpenteaba por los meandros de la atención de Elsi, recostada con lánguida pereza a su lado. Cualquiera hubiera creído, al verlos, que él le contaba un hermoso cuento. Y no era un cuento. Era la carta, personal y emocionada, de una extraordinaria muñeca, escrita desde un remoto lugar en el mismo corazón de África.

Porque Brígida se encontraba de safari por Tanzania.

—«... así que en lo que a mí respecta, sería incapaz de matar a un león o un elefante. Incapaz de todo punto. ¿Para qué destruir una vida? Son tan hermosas estas bestias salvajes, Elsi. Tan hermosas y nobles en su libertad. Es tan pródiga la naturaleza con sus hijos. A veces me doy cuenta de que el mundo es el lugar más bello que existe, y comprendo lo afortunados que somos nosotros por vivir en él. Hemos de cuidarlo y protegerlo, para legarlo a nuestros descendientes, de la misma forma que un día lo recibimos de nuestros mayores. No somos más que huéspedes momentáneos de su generosa grandiosidad».

Hizo una pausa para carraspear. Eso lo obligó a toser. Apartó la cabeza hacia el otro lado y tuvo mucho cuidado de preservar a Elsi. Había llovido y la humedad flotaba en el ambiente, impregnándolo todo, saturando sus pulmones. Por esta razón sostenía la carta con una mano y el pañuelo con la otra.

Las nubes eran muy negras, y se apretaban más unas con otras.

Volvería a llover.

Pero en Tanzania brillaba el sol.

—«No sé si te has dado cuenta, Elsi, pero con esta son ya diecisiete las cartas que te he mandado desde todos los lugares en los que he estado. Cuando miro hacia atrás me doy cuenta de que ha sido como un sueño, ¿no crees? Te imagino con tu amigo, el cartero, sentada en un banco del parque Steglitz, dejando volar tu imaginación para acompañarme en mis peripecias a la búsqueda de mis sueños. Y es que los sueños son la base de la vida. Sin sueños no somos más que cuerpos perdidos que vagan por lo cotidiano. No olvides nunca que soy libre porque tú fuiste libre y me comunicaste esa felicidad. Algún día, cuando deje de escribirte...».

—¿Por qué va a dejar de escribirme? —se envaró Elsi.

—No sé, déjame que siga.

—Está triste —musitó con el rostro atravesado por un rictus de seriedad.

—Yo no lo creo así.

—Pues lo está —insistió la niña.

—¿En qué lo notas?

—Habla de cosas diferentes.

Era una buena carta. De las más bonitas que había escrito. Y seguía el plan diseñado para poner punto final a la correspondencia de Brígida.

Sin embargo... Bueno, tal vez sí.

Rezumaba el prematuro aroma del adiós.

Y ella lo había captado.

—Una persona no siempre tiene ganas de reír, o de cantar. A veces se detiene y, simplemente, se siente en paz. ¿No te ha dicho al comenzar que está en mitad de la sabana africana, rodeada por esa inmensa tierra salvaje y maravillosa? Es como si la oyeras suspirar, ¿no te parece? Yo creo que es una carta muy hermosa.

—Lo es, pero suena distinta.

—Creo que Brígida está creciendo —repuso con tacto—. Y tú también, si eres capaz de darte cuenta de esa diferencia.

—¿Y qué ocurre cuando las niñas y las muñecas crecen?

«Se olvidan de que un día fueron niñas y muñecas», pensó.

Pero no se lo dijo.

—Lo hermoso de crecer es que cada día suceden cosas nuevas, y la vida es un regalo. —Agitó las hojas de papel—. Te lo dice Brígida.

—Nunca hubiera imaginado que Brígida se hiciera mayor —repuso llena de solemnidad.

—¿Y tú?

—Mamá dice que ya lo soy. —Levantó la barbilla con orgullo.

—Entonces has de apreciar el auténtico corazón de lo que te cuenta tu muñeca.

Elsi volvió a recostarse a su lado. Le agarró el brazo con sus dos manos y apoyó la cabeza en él. Miró la hoja llena de cuidadas palabras y letras entrelazadas con mimo, invitándolo a continuar.

—«Algún día, cuando deje de escribirte —continuó Franz Kafka—, las dos sabremos que la una sin la otra no habríamos llegado nunca tan lejos. Viviremos cada cual en la memoria de la otra, y eso es la eternidad, Elsi, porque el tiempo no existe más allá del amor. Sé que lloraste cuando me fui. Pero yo quiero que rías y cantes y pienses siempre que el futuro no es un problema por resolver, sino un misterio por descubrir. Hay lugares en el mundo que cambian a las personas, y África es uno de ellos. Espero que las personas nunca puedan llegar a cambiar esos lugares. Desde el fondo de mi corazón, esta noche estrellada, pienso mucho en ti y envidio lo que te espera...».

Por el rabillo del ojo vio cómo Elsi sonreía.

«¡Bien!», gritó su alma.

Quedaban apenas unas líneas, así que continuó la lectura antes de que las primeras gotas de lluvia emborronaran la estupenda carta enviada por Brígida desde Tanzania.

o

Aquella mañana el que llegó tarde fue él.

Casi quince minutos.

El día anterior había sido complicado. Malestar, poca concentración, la urgencia de una salida acompañando a Dora... Y otra noche de parcial insomnio. Nada bueno para su salud. Había terminado la carta apenas unos minutos antes, tan febril como siempre, y aunque era más corta que otras, rezumaba una no disimulada alegría, la compensación justa.

Elsi le esperaba de pie. Se quedó quieta al verlo aparecer y no se sentó hasta que lo hizo él. Sus excusas fueron banales. La niña nunca le preguntaba por él. ¿Qué más daba? Los menores se imaginan la existencia de los demás según a su propia existencia. Para ella lo esencial eran las cartas. Vio el sobre que asomaba por el bolsillo de la chaqueta de su cartero y eso fue suficiente. La mañana era muy alegre, sin nubes, y el calor apretaba. Su vestido azul con encajes blancos la convertía en una deliciosa mujer en miniatura.

Como siempre, Elsi recibió la carta con emoción y comprobó el remite.

—Sigue en Tanzania —le hizo notar con extrañeza.

—Sí, es curioso —convino él.

—Nunca ha estado dos días seguidos en un mismo lugar.

Elsi abrió el sobre, extrajo la solitaria hoja de papel y se la entregó siguiendo el ritual de cada día. Franz Kafka comenzó a leer intentando no perder de vista las reacciones de su compañera.

—«Querida Elsi, hoy me siento muy feliz, radiante, como si mi cuerpo fuese una fiesta y en mi cabeza tocara una banda de música. Me gustaría que esta carta fuese sonora, para que pudieras escuchar mi voz y los latidos de mi corazón, para que bailaras conmigo. Es tanto lo que quiero contarte, y tan intenso lo que siento, que ahora mismo no sé por dónde empezar».

—Ayer estaba triste —recordó la niña.

—«¿Y por qué estoy así? —continuó el lector—. ¡Pues porque me he enamorado! ¡Oh, sí, Elsi! ¿Puedes creerlo? ¡Me he enamorado! —Lanzó una rápida mirada justo a tiempo de ver la forma en que su amiga reaccionaba, alzando las cejas ante la noticia, pero sin dejar de leer aquellas líneas llenas de gozo—. ¡Ha sido todo tan rápido, tan hermoso y fascinante que ni yo misma sé cómo explicar esta transformación! Ayer contemplaba mi existencia con la paz y la serenidad del paso del tiempo, y hoy parece que de la Brígida que fui hace apenas un día no queda más que un recuerdo perdido en mi propia memoria. Pero lo esencial no es el cambio en sí, sino el descubrimiento del amor, porque, sin ti, notaba que una parte de mi alma estaba vacía. Tú me diste todo el amor que he tenido en la vida, el único que había conocido, y no he sabido lo mucho que lo echaba de menos hasta que ahora ha aparecido él. Por esta razón me siento completa de nuevo».

Franz Kafka dejó de leer un instante.

Elsi mostraba una sonrisa parecida a la de la misteriosa Mona Lisa.

—Qué sorpresa, ¿no te parece? —tanteó el terreno.

—Ahora sí que es una mujer —dijo la niña.

—¿Te alegras?

—Claro. —Le hundió las piedras negras de sus ojos—. Yo la enseñé a ser feliz.

Ocultó su propia sonrisa. También detuvo el gesto de acariciarla. De haber tenido una niña le habría gustado que fuese como Elsi. Aquellos cuentos de hadas escritos tiempo atrás hubieran tenido un mayor sentido.

—¿Dice quién es él? —preguntó ella.

—Oh, sí, ahora viene esa parte. —Se concentró en la carta—: «Sigo en Tanzania, en el cráter de Ngorongoro, que es también la más fabulosa reserva de animales salvajes que existe, porque Gustav es explorador, el hombre sin duda más fascinante que jamás haya conocido. Ha viajado por toda África, siguiendo el curso de sus ríos, escalando sus cumbres, explorando tierras vírgenes, dejando su huella por donde pasa. Los nativos lo quieren y lo respetan. Te preguntarás cómo lo he conocido y yo misma creo que ha sido de la forma más novelesca: caminaba con mis porteadores por un sendero cuando un viejo elefante, que sin duda se dirigía a su cementerio para morir, se cruzó en nuestra marcha. Los porteadores se asustaron tanto que echaron a correr, y yo, sola y muerta de miedo, creía llegada mi hora, y entonces apareció él, a caballo. No solo me subió a su grupa con una facilidad pasmosa sino que ahuyentó al elefante. Es alto y hermoso, Elsi. Sus ojos son limpios como este cielo africano, y su alma tan noble como la de las estrellas que de noche nos iluminan. Pasamos las horas hablando hasta que de pronto callamos, nos miramos a los ojos y...».

—¿Qué? —le instó la niña.

—No lo dice.

—¿Ah, no?

—Bueno, cuando una persona no termina una frase es porque piensa que la otra capta su sentido y no hace falta decirlo con palabras.

—¿Se besaron? —La carita de Elsi brillaba.

—Eso parece.

—Entonces ahora sí que es muy, muy feliz —asintió rotunda.

—Eres una romántica.

Se encogió de hombros.

La carta continuaba con la delirante fantasía de Brígida ante la aparición de su amor, pero ahora no había prisa en concluirla. Elsi degustaba el placer de aquella alegría.

Su muñeca se había enamorado.

¿Quién podía decir que la vida no era perfecta?

p

Elsi se había marchado hacía un par de minutos.

Franz Kafka permaneció en el parque, degustando aquella sensación tan curiosa. Por un lado, felicidad por el trabajo bien hecho. Por otro, el placer de su oficio muy bien entendido. Era un alquimista de palabras y emociones, un mago de la naturaleza humana, capaz de convertir aquella correspondencia tan y tan peculiar en algo familiar y normal. Eso le producía un gran optimismo. Había sido un largo camino de casi tres semanas, carta a carta, para curar una herida y permitir que la vida se mantuviera armónica. Mejor aún: permitir que fluyera como los ríos africanos que surcaba Gustav, el explorador.

El toque preciso.

Iba a levantarse, mentalmente inmerso ya en la preparación de la siguiente carta de Brígida, cuando ella apareció de repente.

Era una mujer atractiva, elegante aunque discreta. Vestía con la sencillez de una prudencia reflejada también en sus gestos y en sus facciones reposadas. Llevaba el cabello recogido en la nuca y un sombrerito apenas convertido en adorno. Sus manos eran muy bonitas y surgían de los encajes de sus puños. La ropa moldeaba su figura de treintañera generosa y en la cúspide de su feminidad.

Se parecía tanto a Elsi...

—Caballero...

Franz Kafka se puso en pie. No supo qué hacer o decir, atrapado por la sorpresa, y dejó que fuese ella la que continuase.

—Usted no me conoce —dijo la mujer—. Soy la madre de Elsi.

—Claro —sonrió inclinando la cabeza—. Es un placer.

—¿Usted es el cartero de muñecas?

—Me temo que sí. —Acentuó aquella sonrisa cómplice.

—¿Le importa que hablemos unos segundos?

—No, claro que no me importa. Verá...

La mujer alzó su mano derecha, como para tranquilizarlo.

—No se preocupe, se lo ruego. He leído esas cartas.

Franz Kafka bajó los ojos al sobrevolar su ánimo un atisbo de vergüenza. No hacía falta mucho más, salvo una explicación.

—Aquel día, cuando Elsi perdió su muñeca, y me la encontré llorando de forma tan desconsolada... No se me ocurrió otra forma de consolarla que contar lo del viaje y esa primera carta que Brígida le había enviado. Después todo se complicó.

—Conozco a mi hija —afirmó ella—. Es persuasiva.

—Tremendamente persuasiva. Todo un carácter.

—Me llamo Bertha. —Le tendió la mano y él se la estrechó.

—Yo Kafka, Franz Kafka.

Se sentaron en el banco. Les sobrevino un silencio apenas trenzado sobre su primera calma. Le tocaba hablar a la madre de Elsi.

—No nos dijo nada entonces, ni los días siguientes a la pérdida, pero de vez en cuando, al oírla decir que su muñeca estaba en lugares de los que era casi imposible que hubiera oído hablar... Bueno, tampoco es que sospecháramos nada. ¿Cómo imaginar algo tan fantástico? Mi hija es de una maravillosa inocencia.

—¿Entonces cómo supo...?

—Anoche comentó que Brígida estaba triste y parecía preocupada. Le pregunté por qué y me habló de Tanzania, de que en su carta... Me quedé asombrada. Le pedí que me enseñara esa carta y, aunque primero se hizo la remolona, acabó dejando que la leyera. Imagínese mi estupefacción. Después supe que había más, algo que se desprendía de esa lectura y de los comentarios de ella. Poco a poco me dijo la verdad, es decir, su verdad: que Brígida se había ido de viaje y le mandaba al cartero de muñecas sus cartas.

—Debió de pensar que era obra de un loco.

—No. Cuando mi hija se acostó hice lo que cualquier madre sensata habría hecho, buscar las cartas y leerlas. Al concluir esa maravillosa experiencia no me quedaba otra cosa que seguirla esta mañana y esperar a que se despidiera de usted.

—Mi intención era...

—Lo sé —lo detuvo—. Sus cartas son preciosas, señor.

—Gracias.

—¿A qué se dedica? ¿Quién es usted?

—¿Yo? Soy el cartero de muñecas —afirmó rotundo.

Quizás fuese mucho más raro aquello que empleado de una compañía de seguros, enfermo, o escritor.

—No se burle, por favor.

—No me burlo —fue sincero—. Creo que es el mejor trabajo que he hecho en muchos años, y el de mayor importancia. Nunca había escrito nada con tanto sentido.

—¿Es escritor?

Tardó un largo segundo en responder:

—Sí.

—Pero son casi tres semanas de esta insólita correspondencia. Es algo... sin duda asombroso.

—Brígida es una muñeca muy activa.

—¿Cómo terminará esto?

—Aún no estoy seguro, pero de momento ya tengo un plan.

—No podrá engañarla siempre, ni hacer que esto dure mucho más.

—Lo sé.

La madre de Elsi estudió sus rasgos, el halo cetrino de su palidez, la sombra menguante de su cuerpo. Debió de comprender su tragedia interior, su mundo oculto y personal. Parecía una mujer perspicaz.

—¿Tiene hijos, señor Kafka?

—No.

—Pero esas cartas son encantadoramente tiernas.

—No son las cartas —dijo él—. Es Brígida, y por supuesto Elsi. Tiene usted una hija estupenda.

—Gracias.

—Hoy nuestra muñeca viajera se ha enamorado —le anunció.

Bertha recibió la noticia con alegría, como si fuese un regalo.

—¿Final feliz?

—Sí —dijo Franz Kafka—, aunque, como sabe, si recuerda usted su infancia, las muñecas suelen ser volubles.

Cuarta sonrisa:
el regalo

q

Franz Kafka miró sus manuscritos.

La construcción, en el que estaba trabajando cuando se encontró a Elsi y que tenía paralizado, *El proceso*, *El castillo*, *América*... Su obra no publicada, su legado. Tan efímero como lo sería su vida.

¿Por qué no lo destruía ya todo?

¿Por qué esperar?

¿Por qué dejarlo en manos de Max Brod, pudiendo condenarlo él a las brasas, como ya hiciera en 1899, a los dieciséis años, con sus primeros escritos?

Tocó las cuartillas. Acarició los pliegues de papel llenos de palabras correctamente escritas con su letra pulcra y menuda. Allí estaba él. En cuerpo y alma. El corazón desnudo de cualquier escritor. Y sin embargo, de pronto, lo único que había tenido lógica en las últimas semanas eran las cartas de Brígida a Elsi. Aquellas novelas que jamás verían la luz, que nunca serían leídas, carecían de otro sentido que no fuera el testimonial, el de su paso por la vida y por el mundo.

Sin él, cuando Max Brod lo quemase, se convertirían en cenizas y pasarían al olvido eterno.

Sin él.

La muerte era amarga.

Tan áspera y dura...

Volvió la cabeza y miró a Dora, durmiendo apacible a su lado. No eran buenos tiempos. La herencia de la Gran Guerra se hacía sentir en Alemania. Los cinco años transcurridos desde el fin de la contienda que había zaherido a Europa fueron angustiosos, pero el futuro no se presentaba con muchas esperanzas.

Salvo que los niños y las niñas como Elsi crecieran libres y felices, sanos y fuertes.

Con muñecas viajeras hablándoles de mundos por descubrir y amores por vivir.

Llevó su mano derecha hasta el perfil de Dora y le acarició la mejilla. Tuvo deseos de besarla, pero no quería transgredir su sueño. Su rostro era como una máscara blanca en la penumbra. El sesgo horizontal de los labios tenuemente oscuros, las manchas de las cejas y las pestañas, la pequeña nariz casi invisible. De no haber sido por ella no hubiera sabido qué hacer en aquellos días, semanas y meses tan difíciles. Oírla respirar, sentir su pecho subiendo y bajando de forma acompasada, formar parte de su proximidad, era una suerte y un privilegio. Dora era como Elsi. Su dulce profesora de hebreo rezumaba toda la vida que le faltaba a él.

Que se le escapaba poco a poco de entre las manos.

Franz Kafka retuvo la imagen de Dora y cerró los ojos.

Su mejor medicina.

La última carta estaba escrita. La preparación de los dos días anteriores conducía al gran desenlace, al momento mágico. Por la mañana, Brígida le diría adiós a Elsi.

Fin de la historia.
Lo mejor por el bien de la niña.
Pero ¿y él?

r

—Esta es muy larga —dijo Elsi—. Tres páginas.

—En efecto. Parece que Brígida tiene mucho que contar.

—Bueno —suspiró la niña—. A mí me cae bien Gustav.

—A mí también —concedió el cartero.

Le entregó los tres folios. Se había acostumbrado a que fuese el lector de las intimidades de su muñeca. El cómplice perfecto. Como solía hacer casi desde el comienzo, se agarró de su brazo y apoyó la cabeza en él.

Franz Kafka percibió su limpio aroma, aquella fragancia de primavera perpetua. Se sabía la carta de memoria, después de haberla escrito y reescrito una docena de veces. Junto con la primera, había sido la más difícil. Intentó que su voz no le traicionara.

—¿Estás bien? —quiso saber.

—Sí —dijo la niña.

—«Querida Elsi —leyó—, ha llegado el gran momento, el gran día, y espero que comprendas lo importante que es para mí lo que voy a hacer. Lo que más deseo es compartir contigo toda la felicidad que me embarga. Lo que menos quiero es hacerte daño. Pero sé que en estas tres últimas semanas hemos estado más unidas y compenetradas de lo que jamás habríamos estado antes. Es así, ¿verdad?».

Esperó a que su amiguita respondiera la pregunta.

Ella asintió con la cabeza.

—«Por tanto, si mi felicidad es tu felicidad y viceversa, quiero que cantes y rías conmigo cuando sepas que me he casado».

Hizo una pausa, pero Elsi no se movió.

—«Gustav y yo ya somos marido y mujer. La ceremonia fue preciosa, en plena sabana, con todos los miembros de la tribu de los masai como testigos y un sinfín de elefantes, jirafas, ñus, gacelas, cebras y otros animales que estaban tan cerca que daba la impresión de que formaban parte del cortejo. Después de ti, Gustav es la persona más extraordinaria que he conocido. Sé que después de pasar media vida contigo, la otra media se la debo a él, y también tú un día entregarás tu corazón a un joven con el que desearás compartir el futuro. Muy pronto, Gustav y yo queremos tener hijos e hijas tan preciosos como lo eres tú. Sé que te hará feliz saber que a mi primera hija la llamaré Elsi en tu honor. No habría conseguido esto sin tu amor. No sería libre y feliz si no me hubieses hecho libre y feliz. Te llevo en mi corazón, y te llevaré siempre».

Hizo una pausa después de aquella larga parrafada. Oyó el suspiro de la niña. Todavía no sabía si se echaría a llorar o no, si mostraría tristeza o no. Los días previos la había estado preparando, pero aun así...

Franz Kafka tuvo un último estremecimiento.

—¿Qué te parece? —quiso saber.

—Estoy muy contenta.

Cerró los ojos. El ramalazo de pánico cesó.

—¿De verdad?

—Ahora sí es enteramente feliz —suspiró ella.

—¿No te importa que...?

—No —aseguró con una dulce energía—. Esta es la carta más bonita de todas, ¿no crees?

—Es muy especial, sí.

—Usted debe de saber mucho de eso. ¿A que es la carta más preciosa que jamás haya leído?

—Puedes estar segura —manifestó con rotundidad.

—Brígida estaba sola, y ya no lo está. Sé que Gustav la hará muy dichosa. La forma en que habla de él, de lo que siente, de lo que quiere compartir a su lado...

Hablaba como una personita mayor, centrada, con tanta elegancia como si en lugar de estar en el parque con él estuviera tomando el té con unas amigas en uno de los céntricos cafés de la Potsdamer Platz. Su madre, Bertha, había hecho sin duda un buen trabajo.

Ojalá terminaran pronto aquellos días de inflación y zozobra social, política y económica. Ojalá no hubiera más guerras en aquella Europa torturada. Ojalá el futuro fuera de Elsi y de todas las Elsis que crecían llenas de esperanzas.

—¿Qué le pasa? —preguntó la niña.

—Nada, perdona.

—¿Por qué se está rascando los ojos?

—Se me ha metido una brizna y me pican.

—¿Le duele?

—Un poco, porque de frotarme uno se me ha irritado el otro.

—Sí, los tiene rojos y húmedos.

—Ya.

—¿Va a continuar leyéndome la carta?

—Por supuesto.

—Entonces siga. —Se acomodó de nuevo a su lado y le apretó el brazo con todas sus fuerzas.

Parpadeando para recuperar la visión, Franz Kafka buscó el punto en el que se había quedado.

S

Se sentía vacío.

Vacío de mente, con el cerebro hueco y las sensaciones rebotando por sus paredes como si fueran pelotas de goma. Vacío de alma, como si se tratara de una vid seca y retorcida a la que ya no queda ni un grano de uva ni una sola gota de vino. Vacío de estómago, inapetente, con el cuerpo tan liviano que ni siquiera lo sentía más allá de aquella ingravidez.

¿Qué le faltaba?

No a él, sino a la historia.

¿Por qué su voz interior le gritaba que se detuviera un segundo a reflexionar? ¿Por qué su instinto le agitaba la razón, advirtiéndole como solía hacer siempre con la alarma de su sexto sentido? ¿Por qué se comportaba igual que si le acabasen de arrancar el espíritu?

—¿Así que os habéis despedido?

—Sí.

—¿Cómo estaba ella?

—Me ha abrazado, me ha dado uno de sus enormes besos en la mejilla, me ha dicho que nunca me olvidaría y me ha deseado suerte.

—¿Ella a ti?

—Sí.
—Tenía que haberla conocido.
—Puedes ir al parque.
—Has dado vida a una insólita fantasía, querido.
—No, lo único que he hecho ha sido recuperar a un ser humano. Lo más triste habría sido la Elsi despechada por la pérdida de su muñeca.

Quería contarle a Dora que había llorado pero no podía.

Se sentía tan estúpido...

Tan ridículo...

Y al mismo tiempo tan bien, a pesar de aquel vacío que le alertaba de que faltaba la última pieza por encajar en la historia.

—Tendrás que bajar al parque a otras horas —apuntó su compañera.
—Además de su cartero soy su amigo.
—Ya no, y lo sabes. Será distinto.
—¿Por qué?
—Si te ve, si habla contigo, ella recordará a Brígida. Lo que necesita es... no diré que olvidarla, pero sí dejarla ahí, en su memoria, tan quieta como pueda mientras la vida continúa.
—Eres toda una intérprete de personalidades infantiles.
—Bastante —admitió Dora—. Dar clases requiere mucha perspicacia. Casi tanto como la que necesita un escritor.
—Todo esto te ha parecido divertido, ¿verdad?
—Fascinante —aseguró convencida—. Nunca te había visto trabajar tan enloquecidamente y tan a gusto.

Franz Kafka se hundió un poco más en la butaca. Dora se inclinó sobre él y le besó en la frente. Después salió de la sala dejándolo solo un momento.

Con sus pensamientos.

Los vacíos.

—Vamos, piensa —musitó para sí.

El cierre de la historia. El broche.

Pero ¿qué podía haber más allá de la boda de Brígida?

Las palabras de Elsi revoloteaban como mariposas de hierro por su mente. «Brígida estaba sola, y ya no lo está», «Es feliz, estoy contenta», «Me cae bien Gustav».

¿Por qué él no encontró un cartero de muñecas cuando era niño?

¿Por qué tuvo que enfrentarse siempre a su padre?

¿Por qué no había muñecas viajeras en la vida real?

Es en la infancia el tiempo de creer en las muñecas. Y es en la infancia cuando existen los finales felices. Pero mucho más necesarios son en la madurez los carteros capaces de recibir cartas que solo un loco puede ser capaz de escribir.

Un loco.

Finales felices.

—¿Volverás al manuscrito que tienes encallado? —oyó la voz de Dora flotando en algún lugar de la casa.

«Los poetas levantan castillos en el aire, los locos los habitan, y alguien, en la vida real, cobra el alquiler».

A veces recordaba frases que no sabía de dónde salían.

—Franz, ¿me has oído?

—Sí, Dora.

—¿Sí me has oído o sí vas a volver a tu libro?

—Las dos cosas.

Un loco.

Finales felices.

¿Cuál era el final feliz de una historia con una muñeca viajera y una niña que había recuperado la paz gracias a tres semanas de cartas maravillosas?

—¿Cuál es el final feliz de una historia con una muñeca viajera y una niña que ha recuperado la paz gracias a tres semanas de cartas mágicas? —exteriorizó sus propios pensamientos en voz alta.

Dora volvió a aparecer por la puerta de la sala.

—Creo que ya lo sabes. —Se cruzó de brazos al ver que él estaba empezando a sonreír de oreja a oreja.

t

Llegó al parque un poco más tarde, en primer lugar porque la tienda quedaba un tanto retirada, y en segundo lugar porque la carta, aunque muy, muy breve, había surgido de una inspiración final, hacía apenas dos horas.

Se internó en el camino sosteniendo el paquete bajo el brazo y deambuló por aquellos familiares vericuetos sin dejar de mirar a todos lados, en busca de su objetivo. El banco en el que se habían sentado día tras día Elsi y él seguía tan vacío como siempre, sin sol, apartado de los intereses de quienes lo buscaban como lagartijas necesitadas de su calor.

Era un buen banco.

El mejor.

Franz Kafka recordó el paseo que dio tres semanas antes, aquella mañana en la que el llanto de Elsi había roto su equilibrio, catapultándolo a la historia más increíble de su vida. Rememoró de nuevo las sensaciones, los ecos de sus pensamientos, el balsámico efecto de su paz.

Parejas prematuras, parejas ancladas en el tiempo, parejas que aún no sabían que eran parejas, ancianos y ancianas con sus manos llenas de historias y sus arrugas llenas de pasado buscando los triángulos de sol, soldados engalanados de prestancia, criadas de impoluto uniforme, institutrices con niños y niñas pulcramente vestidos, matrimonios con sus hijos recién nacidos, matrimonios con sus sueños recién gastados, solteros y solteras de miradas esquivas, solteros y solteras de miradas procaces, guardias, jardineros, vendedores...

Un regalo.

Y él, absorbiéndolo como una esponja, viajando con sus ojos, arrebatando energías con el alma, persiguiendo sonrisas entre los árboles. Uno más entre tantos, solitario, lleno de pasos perdidos bajo el manto de la mañana, con su mente volando libre de espaldas al tiempo, que allí se mecía con la languidez de la calma y se columpiaba alegre en el corazón de los paseantes.

Todo igual que tres semanas antes.

Igual pero muy distinto.

Elsi estaba en la zona en la que jugaban los niños con dos amigas recuperadas tras el paréntesis de las cartas. No notó su presencia hasta que una de sus compañeras lo miro, sorprendida por verlo tan quieto. Entonces sí volvió la cabeza.

Los ojos de la niña se iluminaron.

—¡Señor cartero!

Corrió hacia él abandonando el juego. Franz Kafka se agachó para recoger su abrazo y detener el ímpetu de su carrera. Lo hizo con una mano, porque la otra seguía sosteniendo aquel bulto de regulares proporciones envuelto en un brillante papel de colores.

—Hola, Elsi.

—¡Hola! ¿Ha venido a traerle una carta a alguien?

—Sí, a ti.

—¿A mí?

—Una carta y este paquete. —Se lo mostró.

—¿Qué hay en él? —El rostro de la pequeña reflejó su pasmo.

—No lo sé. Ha llegado esta mañana.

—¿De quién es?

—De Brígida.

La luz regresó a su mirada, y la sonrisa se hizo mayor en sus labios. Tomó el paquete, grande para sus manos, y se sentó allí mismo, sobre la hierba. Franz Kafka también se arrodilló.

—Creía que ya no me escribiría más —vaciló Elsi.

—Pues ya ves.

—¿Qué hago?

—Ábrelo.

Rasgó el papel que lo envolvía. Su compañero se encargó de recoger los restos del nervioso destrozo. Poco a poco fue apareciendo una caja de cartón debajo de aquel vistoso papel de colores. E impreso en la caja...

—¡Señor cartero! —balbució Elsi.

Era la muñeca más bonita que había encontrado en la tienda.

De porcelana, cabello rubio, ojos vivos, labios de ensueño y un vestidito exquisitamente rojo.

—Vaya —fingió sorpresa.

—Es... preciosa. —Elsi apenas podía hablar.

—Sí que lo es.

La escena se congeló un instante. La niña mirando aquella hermosa muñeca y Franz Kafka contemplándola a ella. El tiempo se detuvo para arroparlos.

Luego él le entregó la carta.

La última carta de Brígida.

Ahora sí.

—Yo te la sostengo. —Hizo ademán de coger la muñeca.

—No. —La apretó contra sí—. Abra usted el sobre.

Lo hizo. Rasgó la solapa con cuidado y extrajo la hoja de papel en la que había apenas unas líneas escritas. Dejó que un cierto halo de misterio acompañara aquellos segundos finales.

El final feliz digno de un loco.

—«Elsi, te quiero mucho —leyó—. Gracias por darme la vida, y la libertad para vivirla. Sé feliz». Y firma «Brígida».

—¿Me la ha regalado?

—Eso parece.

La cara de Elsi era un poema, una canción. Toda la fascinación de la infancia flotaba en sus rasgos, y toda la inocencia de sus años, quizás los mejores, estallaba en aquella sinfonía de color y enorme alegría. Se abrazó a su nueva muñeca, fuerte, y le dio un primer beso de amor que aseguraba también su exclusiva propiedad.

—Hay algo más —dijo él.

—¿Qué es?

—Una posdata. Dice: «Se llama Dora».

—¡Dora!

En unos segundos terminaría todo. En unos segundos Elsi se iría para siempre, con Dora en su vida. En unos segundos él se quedaría solo.

En unos segundos.

A veces el tiempo era generoso.

u, v, w, x, y, z...

Durante muchos días, y algunas semanas, la vio de lejos por el parque Steglitz, siempre con Dora, jugando, sin perderla de vista, tan feliz como lo habían sido ambos en aquellos momentos en que las cartas de Brígida los unieron.

A veces sus ojos se encontraron. A veces ella agitaba su mano saludándolo. A veces se sentían cómplices de un gran secreto. A veces él buscaba en el fondo de sus sueños todas aquellas esperanzas que necesitaba para mantenerse en pie.

Y Dora, su propia Dora, de carne y hueso, le hacía ver que las estrellas del cielo seguían allí arriba, vivas para todos.

Después llegó el otoño, y el invierno.

Y ya no la vio más.

Su último invierno.

Franz Kafka le dijo a Dora por los albores de Navidad:

—Brígida está en el Polo Norte.

—¿Cómo lo sabes? —preguntó ella.

—Porque me ha escrito una carta deseándonos un feliz 1924 —respondió él—. Dice que este año la nieve será de color verde y las nubes muy rojas.

Corolario

Franz Kafka murió en el sanatorio de Kierling, cerca de Viena, un año después de que sucediera esta historia, el 3 de junio 1924, a los 41 años de edad. El nombre de la niña que perdió la muñeca nunca se ha sabido, y las cartas que le escribió él durante tres semanas nunca han sido leídas por ninguna otra persona ni encontradas. Dora Dymant, que vivía con el escritor por entonces, fue la que explicó los hechos: «Aquel día, entró en el mismo estado de tensión nerviosa que lo poseía cada vez que se sentaba frente a su escritorio, así fuera para escribir una carta o una postal». Kafka escribió la primera carta con absoluta seriedad y entrega, y después, también todas las demás, tan volcado en ellas como lo habría estado por una de sus novelas o relatos. No se sabe por qué le contó a la llorosa niña tan increíble ocurrencia. Y tampoco por qué mantuvo tan singular historia durante tres semanas. Pero según dice César Aira: «Kafka fue el más grande descubridor de signos en la vida moderna», y Richard Stach afirma: «Para un escritor no se trata solo de saber observar, sino que es preciso descubrir los signos ocultos en lo que se observa. La elogiada precisión quirúrgica de la mirada de Kafka se hacía escritura en la transmutación de lo visible en signo».

Durante años, Klaus Wagenbach, un estudioso de Kafka, buscó a la niña por los alrededores del parque, casa por casa, interrogó a vecinos, puso anuncios en los periódicos, y todo ello sin éxito. Nunca perdió la esperanza, y continuó yendo al parque muchos más años, hasta el presente, siempre soñando con el milagro de dar con ella y preguntarle si conservaba aquellas cartas que constituían uno de los documentos más importantes de uno de los más importantes creadores del siglo XX.

Una obra de Kafka exclusiva para una sola persona, una niña.

Y posiblemente la más bella y lúcida de sus incursiones literarias.

En aquellas tres semanas epistolares, la muñeca le enviaba su amor a la niña día a día, le contaba que sus viajes y aventuras en el extranjero la retenían lejos. Al final, su noviazgo, compromiso, y matrimonio, pusieron el broche de oro a tan notable peripecia. Para entonces la niña ya se había reconciliado con la pérdida de su muñeca.

No se sabe tampoco si Kafka y ella siguieron encontrándose en el parque hasta el prematuro final del escritor meses después. Cuando le sobrevino el fatal desenlace, su amigo Max Brod no cumplió con su última voluntad, destruir todos sus textos inéditos. Gracias a él se publicaron en los años siguientes (*El proceso* en 1925, *El castillo* en 1926 y *América* en 1931), convirtiendo al escritor en uno de los más grandes referentes del siglo XX.

Por mi parte, me he permitido la transgresión: inventar esas cartas, terminar la historia, darle un final imaginario. Pudo ser este u otro cualquiera, y no creo que importe demasiado. Lo sucedido es tan bello en sí mismo que el resto carece de importancia. Lo único evidente es que aquellas cartas debieron de ser mucho mejores y más lúcidas que las recreadas por mí.

Agradecimientos

En primer lugar, gracias a César Aira, cuyo artículo «La muñeca viajera», publicado en la contraportada de «Babelia», *El País*, de 8 de mayo de 2004, me lanzó a escribir esta historia.

En segundo lugar, gracias a la anónima niña y al autor de *La metamorfosis* por tan singular hecho; a Dora Dymant (o Diamant según algunas obras), que lo contó; y a Klaus Wagenbach, que lo convirtió en leyenda buscándola incesantemente, así como a cuantos lo han narrado hasta el presente.

Jordi Sierra i Fabra,
Vallirana, agosto de 2004, a los 80 años
de la muerte de Franz Kafka

Actividades tras la lectura

Amable casualidad...

Quizá todo sea fruto de la casualidad. Puede que nuestro libro haya caído en tus manos por casualidad, sin razón aparente, sin una decisión meditada. O puede incluso que haya venido a ti después de uno de esos extraños consejos que a veces nos regalan nuestros profesores, nuestra madre, nuestro padre, o nuestros amigos. O puede que algo en su título haya llamado tu atención, como por casualidad. Como parece que fue también la casualidad la que ayudó a escribir *Kafka y la muñeca viajera*. Así, un encuentro casual del escritor Jordi Sierra i Fabra con un artículo de periódico en el año 2004 puso en marcha el proceso... El artículo en cuestión lo había escrito otro narrador, César Aira, y en él se hablaba de otras dos casualidades: la primera de ellas, el encuentro fortuito de Aira con una niña en el aeropuerto, una pequeña horrorizada por el hecho de que los guardias del control de seguridad hubieran tocado a su muñeca. Este encuentro trajo a su mente, en forma de recuerdo, otro encuentro fortuito, la segunda de las casualidades, el encuentro, en 1923, de otro escritor, Franz Kafka, con Elsi, una niña que perdió su muñeca en el parque Steglitz de Berlín. Los llantos desesperados de las dos niñas le sirvieron a Aira para escribir el artículo, y le sirvieron a Sierra i Fabra para escribir el libro que tienes en las manos. Así, como por casualidad... Aunque quizá no existan las casualidades. Y puede que ya todo estuviera planeado. Y puede que todo haya sido fruto de una invención perfectamente calculada. Y puede que «casualidad» solo sea una de esas palabras que utilizan algunos escritores para disfrazar la realidad y hacerla más complicada, más rica, más bella, más sorprendente.

Puede que solo estemos dispuestos a creer en algunas historias si decimos que surgieron como por casualidad. Puede que esa tímida palabra sea capaz de que las cosas inventadas y fingidas se tornen realidad. Y puede que ese juego de la imaginación nos ayude a tomar algunas decisiones que no aceptan demora. Porque nuestro trato con los libros dibuja diferentes posibilidades, traza distintos caminos entre los que también figura el de no querer transitar por ningún camino. Los libros podemos leerlos, sin dejarnos atrapar por ellos, pensando que son producto de meras casualidades que no merecen mayor atención, dejándolos bien ordenados en la colección de las cosas que han pasado por nuestra vida y van a caer en el olvido. O bien podemos sumergirnos en ellos, dejarnos fascinar por ellos, leerlos sintiendo la necesidad de poner en marcha también nuestras propias palabras, nuestra historia, nuestras invenciones, pensándolos como un suceso casual de nuestras vidas, pero que es capaz de crear nuevas experiencias. Es el libro como espacio donde perderse, y donde dibujar caminos, como aquel parque Steglitz en que se perdió Brígida y que empujó a Kafka a crear un libro también perdido, y que llevó a Aira a escribir un relato recordado, y que invitó a Sierra i Fabra a escribir *Kafka y la muñeca viajera,* un libro que ahora te lleva a ti...

No obstante, este es también un libro que podría ser, si es cierto que ha nacido como por casualidad, muchos otros libros. Nuestra primera invitación quiere, por ello, ponerte en el lugar del escritor, en el lugar de Sierra i Fabra, en el lugar de Aira. Toma también un periódico, o un buen montón de periódicos (por suerte no necesitamos siquiera que sean de los últimos días) y abre uno de ellos al azar. El azar que te sitúa ante una página pedirá ahora la elección, azarosa o no, de uno de los artículos que aparecen en ella. Y a partir de ese artículo te proponemos, no que escribas una nueva novela, no por ahora, pero sí que inventes el título de un libro que un escritor escribiría inspirado por la noticia que acaba de caer azarosamente ante tus ojos, y, además del título, un breve resumen que nos atraiga y nos invite a leerlo... Y, si repites la operación cinco veces y tus compañeros repiten la operación unas cuantas veces, ya habréis construido una auténtica biblioteca de libros inexistentes.

Escritores, escarabajos y niños...

Los escritores —los grandes y los pequeños, los que viven en nuestro barrio o los que viven a miles de kilómetros o los que vivieron siglos antes— son, al parecer, personas como las demás, y también como los demás no pueden evitar que de vez en cuando su vida afecte a su trabajo, que sus experiencias cotidianas se conviertan en sus historias imaginadas. Por otra parte, los escritores pueden también trocarse en personajes de los escritos de otros escritores, y sus libros convertirse en experiencias que otros escritores transformen en sus propias vivencias. En *Kafka y la muñeca viajera,* es Franz Kafka quien se convierte de escritor en personaje que escribe, y es quien merece que el libro le haya sido dedicado con esas pocas y, para algunos, misteriosas palabras que tenemos al comienzo: «Para Franz, del escarabajo que un día despertó convertido en niño»... Unas palabras que nos sirven para una nueva propuesta:

> Inventemos una breve historia, pero una historia casi sin historia, una historia de sentimientos y sensaciones... Pongámonos en la piel del escarabajo de la dedicatoria y escribamos nuestro relato después de preguntarnos qué sentiría y cómo se sentiría un escarabajo que, un buen día, se despertara una mañana convertido en niño... O mejor: convertido en ti. Cómo comenzaría esa extraña mañana en la vida del escarabajo, qué sucedería durante ese día hasta que cayera la noche y el sueño lo venciera... Y, si no sabes cómo comenzar, puedes tomar prestadas las palabras con que comienza *La metamorfosis,* el libro en que Franz Kafka, en torno a 1915, quiso meternos en la piel de un hombre que se transformó en insecto. Si la hacemos nuestra y la modificamos a nuestro antojo, nuestra historia podría comenzar del siguiente modo: «Al despertar el escarabajo una mañana, tras un sueño intranquilo, se encontró en su escondrijo habitual convertido en (y aquí vendría nuestro nombre)».

Nuevos diccionarios para mirar el mundo...

Hemos comenzado, y no por casualidad, evitando invitarte a buscar aquí o allá algunas informaciones que te permitan conocer mejor quién fue Franz Kafka. Porque sí, al parecer fue algo más que un personaje imaginado en una historia imposible. Eso puedes hacerlo cuando quieras, puedes buscar cuanto necesites, pero nosotros vamos a invitarte a algo diferente... En lugar de buscar donde solemos buscar a aquellos personajes que la historia nos ofrece, dirijamos nuestra atención ahora al diccionario... No esperamos encontrar en él a César Aira, ni al último rey de Francia, ni tampoco a Franz Kafka, desde luego. Pero con algunos personajes de la historia sucede algo curioso: por la fortuna de sus palabras, por cosas de la suerte, o por mera casualidad, sus nombres se convierten en adjetivos. Así, y a pesar de que la *k* no nos ofrece un «Kafka», nos ofrece un «kafkiano», un adjetivo derivado de nuestro escritor y que en castellano podemos utilizar como sinónimo de absurdo, o de angustioso. Por el carácter de sus libros, por sus temas y sus personajes, por los rasgos de su obra, Kafka nos ayuda a mirar el mundo que nos rodea y a ponerle de vez en cuando su nombre. Una experiencia desagradable y que nos produce angustia se convierte en «una experiencia kafkiana», mientras que una situación que roza lo increíble y lo absurdo se transforma en «una situación kafkiana».

Nuestro lenguaje se enriquece con nuevas palabras que nos ayudan a entender el mundo, a hablar del mundo. Y así se ha de tomar nuestra segunda propuesta:

Ampliemos el posible diccionario haciendo uso de nuestro mundo, de lo más cercano a nosotros. Ahora no se trata de crear adjetivos a partir de los nombres de grandes escritores, sino a partir de nuestro nombre, del nombre de nuestro perro, del de nuestro maestro preferido o del que más detestamos, de nuestros vecinos, nuestros compañeros, nuestros padres. Adjetivos para calificar películas, libros, vacaciones, citas... Nos daremos cuenta de que nuestro nuevo vocabulario funciona mejor con las personas que conocen ese mundo que tenemos más cerca, pero también puede ser divertido generar confusión en aquellos que no son capaces de comprender lo que decimos... Quizá ahora una historia increíble sea una historia «tomasiana», por nuestro compañero Tomás, mientras que puede que la fiesta más aburrida se haya convertido en una celebración «aniana», por nuestra profesora de historia. Veinte nuevas palabras con sus definiciones pueden constituir un buen comienzo...

Un mapa para llenar de historias...

Que hayamos viajado a una ciudad no significa que conozcamos todos y cada uno de sus rincones. Es incluso imaginable que alguien que haya visitado Berlín nunca haya oído hablar del parque Steglitz, el lugar donde se desarrolla gran parte de la historia en la que andamos sumergidos. A veces es interesante conocer los espacios en que se desarrollan las historias que leemos, pero sabemos bien que no es necesario que esos sitios sean ubicaciones reales. Quizá sea suficiente con que sean espacios donde pueda caminar nuestra ilusión. Para invitarnos a fantasear a partir de lo imaginado, podemos necesitar un nuevo emplazamiento, un nuevo escenario, el lugar en que se desarrollarán todas las historias que vamos a escribir juntos. Y para ello:

Hagámonos eco de las palabras con que comienza el capítulo «m», y según las cuales «el mapa del mundo, de pronto» puede antojársenos pequeño. Construiremos el mapa-improbable-de-los-lugares-nunca-visitados. Aprovechemos el parque Steglitz (si nunca hemos estado en él, claro), busquemos un mapa en que aparezca y utilicémoslo para comenzar el nuevo mapa de nuestro espacio imposible. Y pensemos ahora en otros lugares en los que nos gustaría estar, en los que nos gustaría imaginarnos. Es tan fácil como recortar y pegar con el único límite de lo que te marque e indique tu imaginación (y la de tus compañeros)...

Nos olvidaremos del parque Steglitz y construiremos un mapa para desarrollar nuestras historias a partir de los lugares que realmente hemos recorrido en el último año. Podemos partir del mapa de la ciudad en la que vivimos, pero tenemos que intentar ser rigurosos y eliminar todas las partes que no hemos pisado en el último año, para sustituirlas por lugares de otras ciudades en los que sí hemos estado... Quizá sea incluso más interesante si lo hacemos en grupo (puede que tengamos menos que eliminar y mucho más que añadir...).

Y ahora solo nos queda atrevernos a narrar nuevas historias...

Absorber la vida de los otros...

Casi al comienzo de nuestro libro leemos: «El parque Steglitz rezumaba vida. [...] Y Franz Kafka la absorbía, como una esponja, viajando con sus ojos». Seguro que ya había llamado tu atención el encuentro de Franz con la realidad que habita el parque, la manera sutil en que es capaz de detenerse en los detalles y convertirlos en anécdotas, en trozos de historias.

a) Ahora serás tú quien asumirá ese papel, serás el pequeño Kafka de tu barrio, serás tú quien viaje con los ojos y cree fantásticos personajes a partir de una sonrisa, una mirada, un gesto... ¿Hay un parque cerca de casa?, ¿una calle concurrida donde se dejan ver personajes variopintos? Podemos dedicarnos a mirar, podemos incluso tomar un par de fotografías al azar de lo que tengamos delante para analizar después con cuidado lo que aparezca en la imagen. No es necesario que nos inmiscuyamos en la vida de los demás; no es eso... Se trata de tomar distancia, y mirar a quienes habitan nuestro alrededor, para inventar sus vidas. Escojamos tres personas de las que aparezcan en la fotografía que hemos tomado y convirtámoslas en personajes. Comencemos, por ejemplo, con «Esa mañana, F. no podía dejar de pensar en...». Consideremos qué está pensando quien desde hace un momento se ha convertido en un personaje de nuestra historia.

b) Aunque quizá haya otras opciones más interesantes y más divertidas. Podemos compartir el juego con nuestros compañeros y ayudarnos a crear la vida de los otros formando una cadena. Cada uno de nosotros deberá añadir un dato a la biografía del personaje cuando le llegue el turno, con la única condición de que ello sea coherente con lo que hemos escuchado con anterioridad...

c) Pero ¿no estoy yo también al alcance de la vida de los demás? ¿Cómo creo que me imaginan los otros, los que apenas me conocen, los que se han de conformar con un rápido vistazo de lo que muestro de mí? Inténtalo, ponte en el lugar del otro que te mira y trata de hablar de ti. O juega con tus compañeros a partir del siguiente supuesto: «Si yo no te conociera, pensaría que eres...».

... y oír lo invisible

Quizá hayamos olvidado un pequeño gran detalle: «Aquel silencio...», leemos. El mundo ante nosotros no solo se deja ver, sino que, además, se deja escuchar, aunque en ocasiones decida mostrarse en silencio. Limitarnos a percibir el mundo con un solo sentido puede ayudarnos a hacer el mundo más pequeño, menos sutil. ¿Qué te parece si hacemos algo diferente?

Para poder llevar a cabo nuestra propuesta necesitas un colaborador. Pediremos a un compañero que grabe durante cinco minutos los sonidos que pueden captarse en esa calle concurrida por donde pasa a menudo, en esa plaza en la que suele apetecerle quedarse sentado durante horas, en aquel lugar en que se mezclan con elegancia gritos y silencios. El puro silencio quizá nos complique demasiado las cosas, pero tenemos que confiar en su criterio. Y así, a partir de su grabación, construiremos la imagen con nuestras propias palabras, inventaremos, con los ojos cerrados, lo que tengamos ahí delante: lo que se deja oír con nitidez, lo obvio, y también lo que apenas se deja imaginar, lo no tan obvio. Describiremos con detalle sin pretender acertar o adivinar, simplemente jugando con los sentidos y las palabras.

Decir sin decir es decir dos veces…

Ya te has encontrado con el problema, podemos estar seguros. Ya has estado más de una vez frente a la dificultad que supone describir a alguien, incluso aunque se trate de un personaje creado por ti mismo. Te atreverías a decir que lo conoces perfectamente, insistirías en que es como si lo estuvieras viendo ahora mismo en tu cabeza, pero, si te piden que lo describas, entonces comienzan los problemas. Y, para ayudarte a salir del atolladero, vamos a proponerte que compliques las cosas un poco más. Releamos la descripción del rostro de Elsi después de su primer encuentro con Franz: «En su desesperada crispación ni siquiera le había visto acercarse. Los ojos eran dos lagos desbordados, y los ríos que fluían de ellos formaban torrentes libres que resbalaban por las mejillas hasta el vacío abierto bajo la barbilla». O lo que Franz piensa de la escritura de la primera carta de Brígida en el capítulo «h»: «La carta había sido un parto. Con dolor. Un parto cargado de espinas con la mejor de las intenciones: devolver la paz al alma de una niña herida». Seguro que piensas que no todas las metáforas pueden ser acertadas; sin embargo, ahora te proponemos que te olvides de eso y te decidas a jugar.

Siguiendo el primer ejemplo, utilizaremos las metáforas para hablar de las partes del cuerpo. Y tendremos que crear una metáfora posible o imposible para cada parte del cuerpo que queramos utilizar en la descripción del personaje... No obstante, como nos gusta verte en aprietos, no te dejaremos que lo hagas con total libertad. Las metáforas son en realidad identificaciones. En el primer ejemplo que te hemos presentado, se identifica a los ojos con dos lagos, mientras que, en el segundo, se establece la identificación de una carta con un parto. Por otra parte, son identificaciones que buscan sorprendernos para decirnos muchas más cosas de las que diríamos de otro modo. Solo tenemos que comprobar la diferencia que hay entre decir que una carta es un parto y decir simplemente que nos ha costado mucho escribirla; o entre decir que los ojos de Elsi eran dos lagos desbordados y decir, sin más, que estaba llorando. Para elaborar las metáforas que te proponemos, lo que deberás hacer es trabajar en grupo. Cada uno de nosotros elegirá una parte del cuerpo, y uno solo de nosotros elegirá un número. Ese número hará referencia a una página de nuestro libro, con cuyas palabras, y solo con ellas, debemos ser capaces de crear la metáfora.

De todas maneras, podemos complicarlo un poco más si hacemos pequeños grupos, de tres o cuatro personas, y estas tienen que compartir la página, de tal modo que cuando uno utilice una palabra esta quede prohibida para los demás. Podríais incluso disponer de una copia de la página e ir recortando las palabras para componer la metáfora... Y no olvidéis que no es una competición. No se trata de vencer a nuestros compañeros de grupo; en cambio, puede que sea mucho más útil cooperar con ellos...

¿Mentirosos necesarios?

«Tu muñeca no se ha perdido. [...] ¡Se ha ido de viaje!». Cuando alguien nos pregunte por qué tuvo que mentir Franz a Elsi, otro montón de preguntas se pueden volver contra él: ¿era realmente mentira? ¿No está autorizado a mentir un escritor? ¿Acaso un escritor puede decir alguna vez la verdad? Si eres de aquellos a los que les gusta atiborrarse de preguntas desde las primeras horas del día, entonces nuestra propuesta es para ti.

Solo pretendemos que te atrevas a dialogar con tus compañeros sobre la verdad y la mentira. Y, como sabemos que a veces cuesta saber por dónde empezar, te proponemos un plan de discusión que puedes seguir con ellos para que vayáis adentrándoos en el problema. Quizá sea buena idea que cada uno lea una pregunta e intente responderla para someterse después a los comentarios de los demás antes de que podamos pasar a la siguiente...

- ¿Miente Franz a Elsi cuando le dice que su muñeca se ha ido de viaje? ¿Cómo lo sabes? ¿Puedes estar seguro?
- ¿Cómo sabes que es verdad lo que piensas que es verdad?
- ¿Podría ser verdad que no existe la verdad? ¿Podría ser falso?
- ¿Puede que algo no sea verdadero pero tampoco sea mentira?
- ¿Inventar una historia es una manera de mentir?
- ¿Son mentiras las novelas? ¿Son los escritores mentirosos bien considerados?
- ¿Es lo mismo decir algo ficticio que decir una mentira?
- ¿Puede estar justificado mentir?
- ¿Puede estar más justificado mentir a un niño que a un adulto?

- ¿Están más justificadas las mentiras de los padres a los hijos que las de los hijos a los padres?
- ¿Puede ser bueno mentir si la verdad puede doler?
- ¿Puede ser bueno mentir si la mentira me ayuda solo a mí?
- ¿Puede ser bueno mentir si la verdad perjudica a la mayoría?
- ¿Puede ser buena una mentira si no perjudica a nadie?
- ¿Puede ser bueno decir la verdad si no beneficia a nadie?

Y, después de nuestro diálogo, ¿por qué no intenta poner cada uno por escrito la conclusión a la que haya llegado? Pero sin olvidar que esa conclusión no tiene por qué ser definitiva, porque quizá hayamos concluido que no son posibles las conclusiones definitivas... La conclusión puede ser incluso una nueva pregunta que todavía no sepamos contestar.

Y, si necesitamos ayuda, podemos recurrir quizá a las metáforas con que hemos jugado en otras propuestas, o a las comparaciones (pensemos a qué podría parecerse la verdad, o con qué podríamos compararla). Tal vez podamos pensar que la verdad es como «la bicicleta del cartero de nuestros sueños», o como «la primera letra de un diccionario escrito en la arena»... Y habremos creado así un nuevo juego. ¿Seremos ahora capaces de interpretar lo que quieren decir las comparaciones que hayan elaborado nuestros compañeros?

Un tiempo plagado de instantes...

Quizá todavía andes atareado con la elaboración del mapa que te proponíamos en una de las primeras actividades. Entonces te animábamos a pensar en la importancia que tiene, en muchas ocasiones, el espacio donde se desarrollan las historias, el lugar por el que podrán caminar nuestros personajes. Pero ¿y el tiempo? ¿Sería tu vida la misma si hubieras nacido en la Antigua Grecia o en el siglo XXV? Quizá sea cierto que hay historias intemporales, que podrían haber tenido lugar en cualquier momento, pero no es menos cierto que en ocasiones los escritores deciden, por una u otra razón, que sus personajes escriban sus vidas en un momento concreto de nuestra historia. Y, en nuestro caso, ese momento no es otro que 1923, un año entre otros años que son calificados en el capítulo «r» de la cuarta sonrisa como «días de inflación y zozobra social, política y económica». Una Europa salida de la gran guerra intenta creer, en vano, que no habrá una segunda, y, sin embargo, convive ya con algunas de las circunstancias que la harán inevitable…

Aunque podríamos animarte a que navegaras e investigaras un poco para conocer mejor la Europa, la Alemania o el Berlín de los años veinte del siglo pasado, preferimos dejar eso en tus manos y que sea tu curiosidad la que decida hacerlo o no, y proponerte, en cambio, que te acerques a ese momento crítico de la historia contemporánea a través de algunas de las pinturas más significativas de un movimiento cultural y artístico conocido como nueva objetividad (en alemán *Neue Sachlichkeit*), una corriente surgida precisamente en Alemania al finalizar la Primera Guerra Mundial, en 1918, y que desaparecería con la llegada al poder del nazismo, en 1933. Los jóvenes artistas del nuevo movimiento, entre los que se encontraban Otto Dix o George Grosz, se mostraban contrarios al arte precedente, al llamado «expresionismo», ya que lo consideraban poco comprometido con la sociedad de su tiempo y, en definitiva, alejado de la realidad. Así, frente a los coqueteos de los expresionistas con la abstracción, proponían crear un arte que plasmara la realidad tal cual es para poder transformarla, algo que choca curiosamente con una hermosa frase que podemos leer en el primer sueño de nuestro libro, y según la cual «la esperanza era más necesaria que la realidad». Para que te adentres en esa peculiar y extraña realidad, te proponemos que eches un vistazo a los siguientes cuadros, que encontrarás sin problemas en internet: Otto Dix, *Fragerstrasse* (1920); Otto Dix, *Madre con niño* (1921); Otto Dix, *La gran ciudad* (1927-1928); George Grosz, *Metrópolis* (1917); George Grosz, *Una víctima de la sociedad* (1919); George Grosz, *Autómatas republicanos* (1920); George Grosz, *Los mejores años de sus vidas* (1923).

Para trabajar con estas obras y que las mismas nos hablen no solo de la época en que fueron pintadas, sino también de nuestro propio tiempo, te proponemos que prepares un visionado de las imágenes con tus compañeros. Estaría bien que trabajarais en pequeños grupos de tres o cuatro personas y que cada uno de los grupos escogiera una imagen, aquella que os transmita más cosas, la que más os impresione, la que más os atraiga... Una vez hayáis repartido las imágenes, los diferentes grupos trabajarán con ellas a partir de las siguientes preguntas:

- ¿Qué vemos en la imagen? Describid lo que veis insistiendo en los detalles que consideráis más relevantes.
- ¿Qué podemos oír en la imagen? Si nos adentráramos en el mundo que la pintura representa, ¿qué sonidos pensáis que llamarían más nuestra atención?
- ¿Qué nos hace sentir la imagen? ¿Qué emociones desencadena en nosotros?, ¿miedo, inseguridad, asco, desconcierto, satisfacción...?

- ¿Cómo hemos llegado hasta aquí? ¿Dónde nos lleva? Escribid una breve historia que explique lo que vemos en la imagen en relación con lo que ha sucedido antes y después del momento que el artista ha captado.
- ¿Os parece que la imagen consigue hablar de la realidad de su tiempo como pretendía la nueva objetividad?
- ¿Pensáis que la imagen logra hablar de la realidad en que vivimos nosotros ahora?
- ¿Consideráis que una imagen como esta puede llegar a cambiar la realidad?
- En vuestra opinión, ¿tiene un buen título? ¿Qué título le pondríais vosotros?

Una vez desarrollados los trabajos por grupos, debemos ponerlos en común para que los compañeros valoren nuestras interpretaciones.

Algunas realidades parecen más reales que otras...

Si preguntáramos a la gente que nos rodea si saben qué es la realidad, esa realidad con la que hemos jugado en la propuesta anterior, sin duda alguna una gran mayoría nos contestaría de manera afirmativa. Sin embargo, si nos atreviéramos a pedirles a continuación que nos explicaran qué es la realidad, entonces nos encontraríamos quizá con un incómodo silencio a nuestro alrededor, con algunos balbuceos incomprensibles, con alguien que corre a coger un diccionario, o con unas cuantas respuestas demasiado obvias o en exceso contradictorias. Porque es difícil que podamos aceptar una respuesta como «la realidad es lo que es real».

Para que podamos aproximarnos poco a poco a la idea de realidad, te proponemos que te olvides del diccionario —puede ser de ayuda, pero se olvida muchas veces de los matices...—. Un diálogo con tus compañeros puede resultar más enriquecedor, y tal vez nos lleve a cuestionar lo que afirma nuestro libro en el capítulo «g» de la segunda fantasía, donde leemos que «la realidad siempre era una, sin paliativos ni alternativas». Para ponernos a ello, y por aquello de no saber muy bien por dónde empezar, podéis utilizar el siguiente plan de discusión sobre los grados de realidad. No olvidéis que todas las respuestas deben ser argumentadas, al menos, con una razón:

- ¿Quién es más real, Franz Kafka o Elsi?
- ¿Quién es más real, Elsi o tú?
- ¿Quién es más real, tú o la muñeca de Elsi?
- ¿Qué es más real, la muñeca de Elsi o tu cama?
- ¿Qué es más real, tu cama o tus sentimientos?
- ¿Qué es más real, tus sentimientos o los sentimientos de tus compañeros?
- ¿Cuáles son más reales, uno de tus compañeros o tus sentimientos?
- ¿Qué es más real, los sentimientos de tus compañeros o lo que sucederá mañana?
- ¿Puede que algo no exista y aun así sea real?
- ¿Puede que algo no sea real y aun así nos haga sentirnos tristes o contentos?
- ¿Sería posible que tú no fueras real?
- ¿Y yo? ¿Es posible que yo no sea real?

Las paradojas de la realidad y las paradojas de la representación...

Hace ya algunos años, Lewis Carroll —un contador de historias capaz de hacernos ver algo más que lo evidente— nos invitaba en *Silvia y Bruno* a pensar en el paradójico problema que supone la creación de un mapa que pretenda ser el mejor de los mapas posibles. Si el objetivo no es otro que representar fielmente el territorio, ¿no sería necesario dedicar nuestros esfuerzos a construir un mapa del mismo tamaño que el territorio que se pretende representar? Pero, entonces, ¿no sería inútil, e incluso un tanto incómodo el mejor de los mapas posibles? ¿No sería preferible utilizar el territorio mismo como mapa? También Jorge Luis Borges, un escritor argentino aficionado a plantearnos grandes problemas con pequeñas preguntas, se detuvo a examinar la paradoja de los mapas en su cuento «Del rigor en la ciencia». En él, imaginaba también la creación del mapa de un imperio que no era sino una réplica del propio territorio. Las generaciones posteriores, capaces de ser críticas con la labor de sus antecesores, habrían dejado de emplear el mapa por su inutilidad como tal, pero habrían comenzado a hacer uso de él como una parte del imperio, tan habitable como el espacio que el mapa quería representar.

Aprovechemos el eco de nuestra reflexión anterior sobre el problema de la realidad... Retomemos el trabajo que, en una de nuestras primeras propuestas, nos había convertido en cartógrafos de lo posible, en inventores de mapas para llenar de historias... Lo que ahora te proponemos es que hagas tuyas las preguntas que nos ofrecen Carroll y Borges, y te lances con tus compañeros a una peculiar cadena de reflexiones en torno al problema que surge cuando queremos representar, rehacer o reinventar la realidad.

- ¿Tiene sentido construir un mapa que sea del mismo tamaño que el territorio que representa?
- ¿Tiene sentido construir un mapa que sea muy diferente de la realidad de la que es mapa?
- ¿Tiene sentido hacer una fotografía de un mapa?
- ¿Tiene sentido hablar del mejor de los mapas posibles? ¿Cómo sería?
- ¿Tiene sentido decir que una fotografía es como un mapa?
- ¿Tiene sentido hacer una fotografía que sea del mismo tamaño que la realidad fotografiada?
- ¿Tiene sentido hacer una fotografía que sea muy diferente de la realidad fotografiada?
- ¿Tiene sentido hacer un dibujo de una fotografía?
- ¿Tiene sentido hablar de la mejor de las fotografías posibles? ¿Cómo sería?
- ¿Tiene sentido decir que una fotografía es como una caricatura de la realidad?
- ¿Tiene sentido hacer una caricatura que sea exactamente igual que la realidad de la que es caricatura?
- ¿Tiene sentido hacer una caricatura que sea muy diferente de la realidad de la que es caricatura?
- ¿Tiene sentido hacer una caricatura de un mapa?
- ¿Tiene sentido hablar de la mejor de las caricaturas posibles? ¿Cómo sería?
- ¿Tiene sentido decir que una caricatura es como un mapa de la realidad?

Como héroes arrancados de un mito…

Poco antes de acabar el primer sueño, leemos «Franz Kafka sintió el hormigueo en sus manos, el nacimiento de las alas de Ícaro que le elevaban hacia aquellos mundos solo posibles en su mente inquieta e inquietante, cuando se abocaba sobre el papel con la pluma y trenzaba las historias más singulares jamás concebidas. Era escritor». Es una hermosa manera de describir un oficio tan hermoso como el de escritor. Sin embargo, para entender bien dicha descripción, podría ayudarnos saber que Ícaro es un personaje de la mitología griega cuya historia puede no solo ilustrar el oficio de escritor, sino incluso aportar una mayor comprensión de nosotros mismos y nuestras ambiciones. Ícaro vivió en la isla mediterránea de Creta en aquel tiempo intemporal en el que viven los mitos. Su padre era el prestigioso arquitecto Dédalo, a quien el rey Minos había encargado diseñar y construir un laberinto donde mantener encerrado al Minotauro. Sin embargo, y por aquellas paradojas con que se encuentra de cuando en cuando uno en la vida, Dédalo acabó encerrado en el laberinto junto a su hijo Ícaro. Así, para escapar de su prisión y de la isla en que se encontraban, el ingenioso arquitecto hubo de poner su imaginación a trabajar y fabricó unas enormes alas, para él y para su hijo, con plumas perdidas de diferentes pájaros, hilo y, sobre todo, cera. Como suelen hacer los padres, Dédalo le dio unos cuantos consejos a Ícaro para que su vuelo no acabara en tragedia. Si quería llegar a su destino, no era aconsejable que volara demasiado bajo, ya que el agua del mar podría mojar las alas y entorpecer el vuelo; pero tampoco era conveniente que volara demasiado alto, ya que el sol podría derretir la cera que sujetaba las alas y acabar con la vida de Ícaro. Como suelen hacer los hijos, Ícaro hizo oídos sordos a los consejos de su padre y, empujado por su ambición, por su deseo de alcanzar lo imposible, acabó acercándose demasiado al, en este caso, mortal calor del sol.

Por su intento de alcanzar lo que solo parece posible en nuestras mentes, por su carácter inquietante e inquieto, Franz Kafka, como todos los escritores de historias, es comparado con Ícaro. No obstante, muchos otros héroes y personajes de la mitología griega pueden servirnos para comprendernos mejor y para conocer mejor lo esencial de algunos oficios. Lo que te proponemos es que seas tú quien investigue en los mitos para emparejar los oficios que te presentamos con los héroes que hemos seleccionado para ti. Y no se trata de unirlos sin más —puesto que quizá no haya una única respuesta posible—, sino que también debemos elaborar una explicación por la cual encontramos coherente la comparación que hayamos establecido. Para ello puedes utilizar una tabla como la que hemos creado para el ejemplo...

Oficio	Personaje mitológico	Explicación
Los escritores...	... se parecen a Ícaro...	... por su esfuerzo por alcanzar lo imposible...

Los ocho oficios que te proponemos son: cartero, profesor, ingeniero, médico, mecánico, artista, cocinero y guía turístico.

Y los ocho personajes mitológicos con los que debes relacionarlos son Jasón, Heracles, Eneas, Teseo, Prometeo, Perseo, Orfeo y Sísifo.

Lo extraordinario está en lo cotidiano...

La tarea del escritor va mucho más allá de la mera descripción del mundo que nos rodea, o de los mundos que habitan la imaginación. Sin embargo, no por ello deja de ser la descripción una labor fundamental de los buenos escritores, una tarea que en ocasiones consigue darles un aspecto y un carácter extraordinario a objetos con los que tratamos todos los días y que por ello tendemos a considerar simples, ordinarios o poco merecedores de atención. Entre las múltiples descripciones de nuestro libro, hay dos en las que queremos que te detengas ahora. La primera es la de una muñeca, la vieja muñeca que la señora Hermann presta a Franz para que se familiarice con un mundo que hasta entonces le era ajeno:

> Le faltaba un ojo, tenía una pierna desencajada, y el cabello, que surgía de un sinfín de puntos de la cabeza, estaba más que sucio, lo mismo que la ropa, de un color verdoso. Primero la observó con fijeza, su expresión eternamente sonriente, la naricita apenas elevada y los hermosos labios rosados. Después la estudió con más atención, las manos, los pies, su forma, el cuerpo.

Se trata de una descripción minuciosa de todo lo que podemos ver. Pero en ella se hace además referencia a la observación, porque sin mirada atenta no puede haber descripción... Quizá por ello nos resulte complicado hablar de los objetos cotidianos, porque hemos dejado, a fuerza de verlos, de dedicarles nuestra mirada atenta...

La segunda es una descripción de Elsi en uno de esos momentos en que aparece ante la mirada expectante de Franz:

> Elsi se hizo visible en la distancia y su pequeño volumen aumentó y le ganó cuerpo al espacio corriendo hacia él. Lo hacía sola, decidida. Vestía de forma distinta, aunque calzaba las mismas botitas y los calzones eran iguales. La chaquetilla se había convertido en un abrigo de primavera, y la camisa con cuello de encaje, en una blusa primorosamente bordada. Tampoco llevaba las trenzas, sino un cabello largo y oscuro libre bajo un casquete de color azul. [...] ¿Cómo describir su talante? ¿Feliz, contento?

En esta descripción la precisión va de la mano de la poesía, y se subraya la belleza de lo más sencillo. Y es una descripción que nos parece también muy valiosa por la pregunta final, que muestra la dificultad de detallar aquello que no se ve, sino que apenas se insinúa, incluso para alguien capaz de jugar de esa manera con las palabras. Y ahora es tu turno...

a) En primer lugar, describiremos un objeto cotidiano. Puedes ponerte de acuerdo con tus compañeros para que cada uno de vosotros lleve un objeto (no es suficiente con pensarlo, ya que hemos de tener el objeto con nosotros para hacer la descripción), e incluso podéis hacer un sorteo para determinar quién tiene que describir qué. Asimismo, si los objetos son lo suficientemente pequeños o si tenéis un saco lo suficientemente grande, puede ser divertido que los escondamos y vayamos sacándolos por turno. En cualquier caso, te proponemos algunas normas que os ayudarán a llevarlo a cabo: 1) En la descripción utiliza al menos diez sustantivos, diez adjetivos, tres referencias a lugares, dos personificaciones, una enumeración, tres comparaciones y tres metáforas. 2) No te limites solo a emplear la vista, sino haz referencia a cada uno de los sentidos: la vista, el oído, el olfato, el gusto y el tacto. 3) Menciona al menos una vez tu relación con el objeto. 4) Haz alusión, al menos, a dos virtudes o cualidades positivas del objeto, así como a dos defectos o cualidades negativas. 5) Por último, no te centres solo en lo visible, sino habla igualmente de los sentimientos invisibles que pueden relacionarse con el objeto. 6) Te dejamos que seas tú quien añada otros elementos posibles. ¿Qué te parece si la descripción la hace el propio objeto en primera persona?

b) Cuando hayáis desarrollado vuestras descripciones de objetos cotidianos, deberéis leérselas en voz alta a vuestros compañeros. A partir de aquí, quizá sería interesante que os animarais a haceros algunas preguntas sobre lo que hace que una descripción esté bien hecha... En definitiva, que planteéis un diálogo sobre los criterios que debemos utilizar para valorar nuestras descripciones.

Hacia las cosas mismas (una discusión sobre lo esencial)...

Cuando describimos algo, o a alguien, resuena de fondo el problema de hasta qué punto estamos siendo fieles a lo que las cosas, o las personas, son. En busca del rigor, podemos preguntarnos si estamos yendo a lo esencial, lo que hace que algo sea lo que es, o si, por el contrario, nos estamos quedando en lo puramente accidental, en la superficie. Podemos discutir si hemos captado lo fundamental o apenas nos hemos conformado con lo secundario. Incluso podemos cuestionarnos nuestra propia capacidad para llegar a conocer el mundo que nos rodea, o poner en entredicho nuestra visión a la luz de la diversidad de los puntos de vista… Si en la propuesta anterior hemos asumido el juego de dirigir nuestra atención hacia las cosas mismas, os proponemos ahora un plan de discusión que pueda revelar algunos problemas nuevos en lo concerniente al conocimiento de los demás y de nosotros mismos:

- Cuando ves a alguien por primera vez, ¿puedes decir que lo conoces?
- Si ves a alguien muchas veces, ¿puedes decir que lo conoces?
- ¿Lo que es esencial en alguien podemos captarlo a través de los sentidos?
- ¿Dirías que conoces a Elsi?, ¿y a Franz?
- ¿Dirías que conoces a tus amigos? ¿Dirías que tus amigos te conocen a ti?
- ¿Dirías que te conoces a ti mismo? ¿Cómo puedes saberlo?
- ¿Que alguien cambie hace que sea imposible conocerlo?
- ¿Cuando alguien cambia, hay algo que nunca cambia?
- ¿Puede que conocer a alguien lo haga cambiar?
- ¿Puede que conocerme a mí mismo me haga cambiar?
- ¿Qué es más valioso para conocer a alguien, conocer lo que tiene en común con otras personas o lo que lo hace diferente de los demás?

- ¿Qué es más valioso para conocer a alguien, conocer lo que ha sido y ya no es, o lo que aún no ha sido pero quiere ser?
- Si tú y yo vemos algo de manera diferente, ¿eso quiere decir que lo esencial es distinto para cada uno?
- Si tú y yo vemos las cosas de manera diferente, ¿eso quiere decir que al menos uno de los dos está equivocado?

Hacer cosas con las palabras...

A pesar de que en el capítulo «g» de nuestro libro vemos a Dora recibir a Franz «con la dulzura de una sonrisa», también la vemos hacerle una serie de preguntas como «¿qué tal el paseo?», «¿adónde vas?» o «¿ahora?». Podríamos concluir de ellas que está interesada en conocer las respuestas, que quiere honestamente saber cómo ha ido el paseo de Franz; que quiere saber, porque despierta su curiosidad, hacia dónde se dirige él ahora; e incluso podemos pensar que no ha entendido bien si Franz habla de eso que va a hacer ahora mismo, o si lo que quiere decir es que lo hará dentro de un rato y no ahora. Sin embargo, sabemos que las palabras sirven para hacer muchas cosas, nos sirven para preguntar, para afirmar, para expresar sorpresa, para cuestionar aquello que no nos gusta... Y también sabemos que las mismas palabras no siempre tienen que ser leídas de la misma manera... Así, podríamos incluso cambiar nuestra interpretación de las palabras de Dora y pensar que, cuando le está preguntando por el paseo, está reprochándole no haberla ofrecido acompañarle, o que en realidad desconfía de él y sospecha que no ha habido tal paseo; que, cuando le pregunta adónde va, está en realidad pidiéndole que se quede con ella; o que, cuando le interroga sobre el momento en que va a hacerlo, le está recordando que había adquirido otro compromiso y «ahora» no puede ponerse a hacer eso que pretende.

No te vamos a proponer que dediques tu tiempo a poner en duda las intenciones comunicativas de los demás. Eso seguro que ya lo haces cuando lo crees conveniente. Lo que harás con tus compañeros es formar pequeños grupos de trabajo, de dos o tres miembros cada uno, para entablar un diálogo entre dos personas en el que los dos interlocutores utilicen exclusivamente preguntas, ya que estas os van a permitir elaborar un texto más abierto a segundas interpretaciones. El diálogo deberá tener como mínimo cuarenta preguntas (veinte para cada interlocutor). Además, en el momento de presentarlo, lo leeremos dos veces, cada una de ellas con un todo diferente, la primera de ellas enfadados, y la segunda, alegres... ¿Cambia el tono también nuestra interpretación de las palabras que hemos escuchado?

Carteros de muñecas...

Después de desvelar en el capítulo «c» que Franz es «cartero de muñecas», todavía tenemos que esperar hasta el capítulo «g» para poder disfrutar de la primera de las cartas de Brígida, la muñeca de Elsi. Vemos a la niña disfrutar emocionada mientras escucha las palabras de Franz, como podríamos imaginarnos a nosotros mismos disfrutando de la lectura de un mensaje enviado por alguien a quien apreciamos y echamos de menos. No obstante,

Elsi no es una niña a la que le guste ser una mera espectadora de la vida de los otros, sino que también le gusta hacer preguntas y poner en aprietos a los demás, incluso a los carteros de muñecas. Por eso se plantea escribir sus propias cartas y enviárselas a Brígida. Si existen los carteros de muñecas, entonces no parece descabellado pensar que no trabajen en una única dirección. En nuestro libro, sin embargo, el cartero de muñecas no parece tener demasiados problemas para convencerla de que no es una buena idea. A las muñecas viajeras no se las puede escribir cartas, precisamente porque solo podemos saber que mañana y al día siguiente estarán de nuevo en camino, sin saber hacia dónde irán. Pero eso es solo lo que sucede en nuestro libro…

¿Y si ahora supusiéramos que las cosas han sido de otra manera? ¿Y si otros carteros de muñecas no fueran tan perezosos como Franz? ¿Y si hubiera carteros de muñecas viajeros que trabajaran especialmente para muñecas viajeras? ¿Y si Franz no hubiera conseguido convencer a Elsi de lo absurdo de su idea? ¿Y si Elsi hubiera decidido en cualquier caso escribir una respuesta a cada carta de Brígida para guardarlas todas hasta el momento en que volvieran a encontrarse cuando esta última regresara o en mitad de alguno de sus viajes imposibles?

Ahora tus compañeros y tú os pondréis en el lugar de Elsi y redactaréis las cartas que ella nunca escribió. Pero en lugar de hacer lo que quizá sería más sensato y escribir cada uno una respuesta a una de las cartas de Brígida, elegiremos una sola de esas cartas entre todos, y todos escribiremos una respuesta a esa única carta… Claro, en estos tiempos que corren, quizá alguno de vosotros tenga la tentación de escribirle un mensajito de apenas unas pocas palabras, y por ello os daremos algunas instrucciones que deberéis seguir: 1) Nuestra carta, considerando que es obra de Elsi y que Elsi es una niña apasionada y locuaz, no será una carta breve, sino que deberá tener al menos quinientas palabras. 2) En nuestra carta, Elsi hablará como mínimo de cuatro personas que hayan sido importantes en su vida en los últimos días. 3) Sin embargo, Elsi, curiosamente, no hará ninguna referencia a Franz, el cartero de muñecas. 4) Suponemos inevitable que una niña como Elsi añada algún que otro dibujo a sus cartas, pero eso lo dejamos a tu elección…

Cuántas cartas para ser feliz, y cuántas para ser libre…

Al comienzo del capítulo «i», hay dos preguntas que pueden resultar llamativas. La primera de ellas es «¿Cuántas cartas necesitaría Elsi para ser feliz?», y la segunda, «¿Y cuántas Brígida para liberarse?». Como preguntas que son, puede que no nos digan muchas cosas de Elsi, ni de Brígida, pero sí nos sugieren algunas cosas de la tarea que Franz está llevando a cabo. Franz no solo se ve a sí mismo como un cartero de muñecas, sino que, además, entiende su labor como una especie de arte curativo. Es él quien puede y, sobre todo, quien quiere curar a Elsi de su infelicidad, porque, como dice más adelante en nuestro libro, en el capítulo «m», «Siempre es hermoso procurar la felicidad ajena». Sin embargo, se encuentra con un sutil problema, ya que la felicidad de Elsi parece estar reñida con la libertad de Brígida. ¿O es al contrario? Las palabras de la propia Brígida despiertan más preguntas que certezas: «No olvides nunca que soy libre porque tú fuiste libre y me comunicaste esa felicidad». Sin duda, dialogar con nuestros compañeros puede ser aquí, de nuevo, un buen modo de deshacer el nudo que enreda dos ideas tan importantes en nuestra vida como son la felicidad y la libertad. Y aquí también te ofrecemos un plan de discusión para romper el hielo…

- ¿Puede ser feliz una niña que, como Elsi, llora desconsoladamente?
- ¿Puede que no sea feliz quien ríe y se muestra contento?
- ¿Puede ser feliz quien, como Elsi, ha sido «abandonado» por un ser querido?
- Si mi felicidad depende de la presencia de otra persona, ¿puedo decir que soy libre?
- Si mi felicidad depende de la presencia de otra persona, ¿puedo decir que esa persona es libre?
- Si la felicidad de otra persona depende de mi presencia a su lado, ¿puedo decir que soy libre?
- Si mi felicidad depende de la felicidad de otras personas, ¿puedo decir que soy libre?
- Si la felicidad de otras personas depende de la mía, ¿puedo decir que soy libre?
- ¿Podemos ser felices cuando queremos serlo?
- ¿Podemos hacer felices a los demás cuando queremos hacerlo?
- ¿Podemos ser libres cuando queremos serlo?
- ¿Podemos hacer libres a los demás cuando queremos hacerlo?
- ¿Somos más felices cuando somos más libres? Dicho de otro modo, ¿nos hace felices la libertad?
- ¿Somos más libres cuando somos más felices? Dicho de otro modo, ¿nos hace libres la felicidad?

La máquina de hacer sentir...

Los sentimientos son una pieza clave para entender nuestro libro. De hecho, sería difícil explicar las relaciones entre los personajes principales si pensáramos que a estos los mueve siempre la razón en lugar de las emociones. En el capítulo «j», por ejemplo, se hacen explícitas algunas de las emociones y los sentimientos que Franz experimenta mientras escribe y lee una carta de Brígida. «Miedo», «inquietud», «serenidad» y «emoción» nos ayudan a ponernos en la piel de Franz porque todos nosotros los hemos sentido alguna vez. No obstante, también podríamos cambiar nuestras palabras y comenzar de otro modo. Los libros son una pieza clave para entender nuestros sentimientos. En el capítulo «p», el escritor-personaje Franz se considera a sí mismo, como escritor, un «alquimista de palabras y emociones, un mago de la naturaleza humana». Otro escritor, el mozambiqueño Mia Couto hace en algún lugar referencia a los libros como «máquinas de hacer sentir». Aunque en su brillante fórmula él se refería a los libros de su admirado Valter Hugo Mãe, quizá sea más justo utilizarla para hablar de todos los libros...

Lo que ahora te proponemos es que construyas con tus compañeros una «máquina de hacer sentir». Sin embargo, traicionando a Couto, esa máquina no será un libro. Para crearla, solo tenéis que seguir unos sencillos pasos: 1) Necesitáis una caja, del tamaño aproximado de una caja de zapatos, pero con un agujero en uno de los laterales. 2) Tenéis que elaborar una lista con los sentimientos o emociones que queráis que la máquina sea capaz de provocar. Nosotros os proponemos algunos (sorpresa, asco, inquietud, tristeza, admiración, ira, miedo, serenidad, alegría, satisfacción, amor, atracción, indignación, envidia), pero sería más interesante que los decidierais vosotros, porque así la máquina funcionaría mejor. 2) Cada uno de vosotros debe pensar qué palabras y qué imágenes serían capaces de provocar en él cada una de esas emociones. 3) Necesitaréis pequeñas fichas de aproximadamente seis centímetros de lado en las que escribiréis las palabras que habéis pensado, o dibujaréis o pegaréis las imágenes que os hacen sentir. 4) Introduciréis en la máquina todas las fichas y ya estará preparada para hacer sentir. 5) Por turnos, cada uno de vosotros sacará una ficha y expondrá a los demás qué es lo que eso le hace sentir. En ese momento, o al acabar, todos estáis invitados a compartir qué pensáis de lo que vuestro compañero ha sentido y mostrado.

Curiosamente, y a diferencia de otras muchas máquinas que solo son bien valoradas cuando siempre proporcionan los mismos resultados, nuestra máquina estará funcionando mejor: a) cuando las emociones experimentadas por unos no coincidan con las experimentadas por otros; b) cuando el desacuerdo genere, además, diálogo y discusión; c) cuando, no siempre pero algunas veces, unas palabras o una imagen no sean capaces de provocar emoción alguna en el usuario; d) cuando alguien tenga que añadir una nueva emoción a la lista con que trabajáis, ya que aquello que siente no cabe en ninguna de las que ya teníais; e) cuando alguien sienta la necesidad de preguntar por qué; f) cuando alguien sienta la necesidad de responder a los porqués de quien se pregunta por qué...

... y las cosas serían, quizá, de otra manera

En la cuarta sonrisa, asistimos al amargo trato de un escritor, Franz Kafka, con sus manuscritos. Decidido a no dejar nada a la posteridad, Franz confió su legado a su amigo Max Brod, quien ahora sabemos que no cumplió con la misión que la amistad le encomendaba. Si lo hubiera hecho, no habríamos conocido a Elsi, César Aira no habría escrito un artículo sobre la relación del escritor con una niña desconsolada, Sierra i Fabra no habría imaginado siquiera la novela que tienes en las manos y, en definitiva, ahora no estarías leyendo estas líneas...

Lo que te proponemos ahora es que construyas junto a tus compañeros una peculiar línea del tiempo que comenzará en el momento en que nació el mayor de vosotros y acabará el día de hoy. En las líneas del tiempo, que llenan páginas y páginas de algunos libros de historia, encontramos acontecimientos que han sido fundamentales para determinar lo que ha sucedido a continuación, y para explicar lo que somos y cómo somos ahora (hechos como la toma de la Bastilla durante la Revolución francesa, o como la llegada del primer ser humano a la Luna). Sin embargo, nuestra línea del tiempo estará formada por acontecimientos que han sucedido a lo largo de nuestra propia vida y que preferiríamos que nunca hubieran ocurrido, al igual que parece que Franz habría preferido que sus obras nunca hubieran llegado a nosotros. Para elaborarla, cada uno de nosotros elegirá uno de esos momentos y lo introducirá en la línea del tiempo. Así, nuestra línea puede que incluya momentos considerados históricos como «no se produjo un atentado en París contra el semanario *Charlie Hebdo*» el 7 de enero de 2015; o «Donald Trump no fue elegido presidente de los Estados Unidos» en noviembre de 2016; o incluso otros más personales como «Ana no se marchó con su familia a vivir a Argentina», situado el 13 de febrero de 2014, porque alguno de nosotros quizá preferiría que su mejor amiga nunca hubiera dejado la ciudad; o «Fernando no me dijo que no cuando le propuse que fuésemos al cine», porque es posible que alguien contaba con haber comenzado en ese momento una interesante relación. Para completar nuestro trabajo, podéis añadir todos vosotros en la parte final cómo pensáis que seríais si las cosas hubieran sido como describe nuestra línea del tiempo, en qué medida unos acontecimientos diferentes habrían dado como resultado un «yo» diferente. «Si las cosas hubieran sucedido de esta manera, yo ahora…».

Por si quieres seguir leyendo...

Aunque todos los libros son ya una invitación a seguir leyendo, *Kafka y la muñeca viajera* es una de esas obras que aparece ya plagada de conexiones, de hilos que nos conducen a otras obras que nos conducen a su vez a otras... Porque *Kafka y la muñeca viajera* es una obra plagada de escritores...

En primer lugar, tenemos a Franz Kafka, el escritor-personaje, quizá uno de los autores más reconocidos del siglo XX. Un hombre, al parecer, atormentado e inquieto que quiso borrar de la faz de la tierra el conjunto de sus obras. Un hombre que no gozó de éxito durante su vida y que fracasó a la hora de conseguir que se hiciera realidad su última voluntad..., pero un hombre que consiguió construir en las páginas que salieron de su pluma un retrato confuso y angustioso del ser humano de su tiempo y, quizá, de todos los tiempos.

Para adentrarte en su obra, puedes animarte a leer *La metamorfosis,* una historia peculiar que nos pone en la piel de un hombre convertido en insecto y nos plantea con crudeza los problemas de la transformación, el aislamiento o la comprensión de nosotros mismos. Aunque, si no es tanto el escritor Franz quien llama tu atención, sino el Franz personaje, entonces puedes intentar adentrarte en *Carta al padre,* una carta muy diferente, sin duda, de las que dirigió a Elsi, pero que puede ayudarnos a conocer mejor la vida del hombre que nunca se atrevió a entregarla directamente a su destinatario.

En segundo lugar, tenemos a César Aira, el escritor que habita la obra en segundo plano, el autor del artículo que le inspiró a Sierra i Fabra la idea de emprender el proyecto de la novela que tenemos entre las manos. Un narrador con una obra muy extensa marcada por la diversidad de temas y preocupaciones. Un escritor, en definitiva, que es muchos escritores. De entre todos sus libros, te recomendamos *El congreso de literatura,* un breve juego con y contra la realidad donde la literatura es también protagonista. Además, si rastreas un poco en internet, es fácil que puedas encontrar el artículo a que hemos hecho referencia y donde Aira, tras el encuentro con una niña llorona en el aeropuerto, rememoró el encuentro de Kafka y Elsi en 1923.

En tercer lugar, tenemos a Jordi Sierra i Fabra, el escritor de nuestra novela, el escritor a quien Aira empujó a escribir una novela, el escritor que convirtió en personaje al escritor Franz. Ha dedicado gran parte de su extensa obra a niños y jóvenes, y quizá sería una buena idea que fueras tú mismo quien decidiera por dónde adentrarte en sus libros dejándote llevar por las sugerencias que se encuentran ya en sus títulos. Pero nosotros te propondremos uno: *La isla del poeta,* porque es una inteligente manera de adentrarse en la maraña de los sentimientos, y porque en él también los libros y la escritura son en parte los protagonistas.

En cuarto lugar, tenemos a Franz, pero no el Franz escritor cuyos libros ocupan estanterías por todo el mundo, sino el Franz cartero de muñecas y contador de historias… Entre cartas y escritores encontramos *Ardiente paciencia*, una breve novela de 1985 del escritor chileno Antonio Skármeta, que en algunas ediciones encontramos con el título *El cartero de Neruda*, gracias al —o por culpa del— éxito de la película que la hizo popular. En el contexto del Chile de finales de los años sesenta y principios de los setenta del siglo XX, un joven cartero desarrolla una relación de amistad con el escritor Pablo Neruda, la única persona a la que ha de entregar cartas. La conversación, los sentimientos, la imaginación y la memoria son los elementos esenciales de esta obra tranquila cuyo hilo conductor son las cartas. Y también entre cartas se mueve una película brasileña del año 1998, *Estación Central de Brasil*, del director Walter Salles. En ella nos encontramos con Dora, una mujer solitaria que dedica sus días a escribir cartas para las personas que no saben escribir, cartas que pueden ser desechadas, pero que también son capaces de cambiar repentinamente nuestras vidas.

Y no olvides que las sugerencias de lectura más enriquecedoras son muchas veces aquellas que uno mismo descubre, aquellas que, como este libro, surgen como por casualidad…